Heinz Lamprecht

Mastzellenfreundliche und histaminarme Küche

Herzlichen Dank an alle, die an diesem Buch mitgewirkt haben oder mit einer Spende dessen Teilfinanzierung ermöglicht haben. Ein besonderer Dank gilt:

Lektorat: Brigitte Lamprecht, Dr. Cornelia Blanke

Korrektorat: Priska Lamprecht, Willi Lamprecht

Rezeptideen: Dr. Cornelia Blanke, Claudia Stierli, Marie-Anne Scherrer

Umschlaggestaltung: Dagmar Bense

Mastzellenfreundliche und histaminarme Küche

Diätanleitung und Rezeptsammlung der Schweizerischen Interessengemeinschaft Histamin-Intoleranz (SIGHI)

von Heinz Lamprecht

Pro BUSINESS Verlag, Berlin, August 2014

Bibliografische Information der Deutschen Nationalbibliothek
Die Deutsche Nationalbibliothek verzeichnet diese Publikation in der Deutschen Nationalbibliografie; detaillierte bibliografische Daten sind im Internet über http://dnb.d-nb.de abrufbar.

Heinz Lamprecht (Autor), Schweizerische Interessengemeinschaft Histamin-Intoleranz - SIGHI (Hrsg.)
Mastzellenfreundliche und histaminarme Küche
Diätanleitung und Rezeptsammlung der Schweizerischen Interessengemeinschaft Histamin-Intoleranz (SIGHI)

Berlin: Pro BUSINESS 2014

ISBN 978-3-86386-748-5

1. Auflage 2014

Produktion und Herstellung: Pro BUSINESS GmbH
Gedruckt auf alterungsbeständigem Papier
Printed in Germany
www.book-on-demand.de

Abbildungen: Heinz Lamprecht, Claudia Stierli
Umschlag: Dagmar Bense

www.histaminintoleranz.ch

Vorwort

Liebe Leserin, lieber Leser,

wurden Sie kürzlich mit der Diagnose Histamin-Intoleranz oder Mastzellaktivitätssyndrom konfrontiert? Möchten Sie versuchsweise ausprobieren, wie weit Ihre gesundheitlichen Beschwerden unklarer Ursache mit einer Histamin-Eliminationsdiät beeinflussbar sind? Dann stehen Sie vor der großen Herausforderung, Ihre Ernährungsgewohnheiten radikal umstellen zu müssen. Die Auswahl an verträglichen Zutaten ist jedoch stark eingeschränkt, Rezeptideen sind rar. Bei vielen kommt erschwerend hinzu, dass sie bisher kein großes Interesse am Kochen hatten und wegen Berufstätigkeit oder anderen Verpflichtungen auch nicht beliebig viel Zeit finden, um Tag für Tag jede einzelne Mahlzeit selbst frisch zuzubereiten.

Diese Sammlung mit überwiegend schnell und einfach umsetzbaren Rezepten soll die komplizierte Ernährungsumstellung erleichtern. Eine reiche Auswahl verträglicher Rezepte soll eine abwechslungsreiche, schmackhafte und ausgewogene Ernährung ermöglichen.

Ich wünsche Ihnen viel Freude am Kochen und Essen, gutes Gelingen, einen guten Appetit und viele beschwerdefreie Tage!

Heinz Lamprecht

Inhalt

Einführung 15
Für schlechte Tage 37
Frühstück 43
Saucen, Dips, Bouillon 49
Suppen 67
Salate, Salatsaucen 75
Fleisch & Fisch 89
Stärkebeilagen 99
Gemüsebeilagen 111
Hauptmahlzeiten 125
Reiseproviant, Picknick 153
Partysnacks, kaltes Buffet 159
Backwaren 165
Desserts, Süßspeisen 191
Anhang 203

Einführung 15

Abkürzungen und Definitionen ... 16
Mastzellaktivitätssyndrom (MCAS), Histaminose ... 18
Vorgehen bei der Ernährungsumstellung ... 19
Eignung der Rezepte ... 23
Grundregeln für den Koch ... 25
Beispiele unverträglicher Lebensmittel ... 26
Kleine Lebensmittelkunde ... 30
Küchentipps ... 35

Für schlechte Tage 37

Reis-Diät ... 38
Kartoffel-Reis-Diät: Salzkartoffeln gewässert ... 39
Reis, leicht gesüßt ... 39
Putenbrust, Reis/Kartoffeln, Eisbergsalat/Kohl ... 40
Putenbrust, Salzkartoffeln, Blumenkohl/Spargel ... 41
Maroni, gekocht ... 41

Frühstück 43

Müslivariationen ... 44
Frühstücksreis ... 45
Hirsebrei mit frischem Obst ... 46
Butterbrot, Konfitürenbrot, Honigbrot ... 46
"Schokodrink": Hanfproteinpulver statt Kakao ... 47
Rösti ... 48
Milchreis ... 48
Grießbrei aus Dinkel- / Hirsegrieß ... 48
Maroni, gekocht ... 48

Saucen, Dips, Bouillon 49

Béchamel Sauce (Grundrezept für weiße Saucen) ... 50
Weiße Schinkensauce ... 51
Safransauce ... 51
Kräutersauce ... 51

Paprika-Rahmsauce ... 52
Süß-saure gelbe Curcuma-Sauce ... 52
Sauce Hollandaise ... 53
Sauce Béarnaise ... 54
Gemüse-Frischkäse-Pastasauce ... 55
Ajvar, mild (Eingemachtes Paprikapüree) ... 56
Kürbispesto ... 57
Dip-Saucen: Grundrezept ... 58
Kräuter-Dip ... 59
Schnittlauch-Dip ... 59
Curcuma-Dip ... 59
Minzen-Dip ... 59
Paprika-Dip ... 60
Paprika-Dip, einfach ... 60
Zaziki-Dip, Tsatsiki-Dip ... 61
Gemüsebrühe, kinderleicht selbst gemacht ... 62
Gemüsebouillon-Pulver ... 63
Bratensauce, Fleischbouillon ... 65

Suppen 67

Gemüsesuppe mit Quarkklößchen ... 68
Zucchinisuppe ... 69
Broccolicremesuppe ... 70
Karottensuppe ... 71
Kürbissuppe ... 72
Rote-Bete-Suppe, Randensuppe ... 73
Gazpacho ... 74

Salate, Salatsaucen 75

Salatdressing: Auswahl möglicher Zutaten ... 76
Dressing Minimalvariante ... 77
Grundrezept "Italian Dressing" ... 78
Weißes Salatdressing, dickflüssig ... 78
Grüner Blattsalat ... 79

Gemischter Salat ... 79
Fenchelsalat ... 80
Gurkensalat ... 80
„Griechischer Salat“ ... 81
Karottensalat ... 81
Chinakohlsalat ... 82
Blumenkohlsalat ... 82
Hähnchenfilet auf Feldsalat / Nüsslisalat ... 83
Lauwarmer Spargel-Broccoli-Salat ... 84
Kartoffelsalat ... 85
Rote-Bete-Salat, Randensalat ... 85
Weißkohlsalat, Krautsalat, Coleslaw ... 86
Krautsalat, warm eingelegt ... 86
Reissalat mit Melone und Schinken ... 87
Hirsesalat mit Trauben und Käse ... 88

Fleisch & Fisch ... 89

Fleisch à la minute, Kurzbraten ... 90
Braten, Grillen ... 90
Geschnetzeltes: à la minute oder geschmort ... 91
Geschnetzeltes an Paprika-Rahmsauce ... 92
Fleisch, herbstsüß angebraten ... 92
Paniertes Schnitzel, Piccata ... 93
Cordon bleu ... 94
Schnitzel im Saft, Saftplätzli ... 94
Kalbsragout an weißer Sauce ... 95
Ossobuco, geschmorte Kalbshaxen ... 96
Kutteln ... 97
Fischfilet, gebraten ... 98
Fischfilet, gedämpft ... 98

Stärkebeilagen ... 99

Pellkartoffeln, Schalenkartoffeln, Gschwellti ... 100
Rösti ... 101

Salzkartoffeln, Petersilienkartoffeln 102
Instant-Kartoffelpüree 103
Rosmarinkartoffeln, Ofenkartoffeln mit Rosmarin 103
Ofen-Frites, Pommes frites im Backofen 104
Reisnudeln 104
Reis im Reiskocher 105
Reis im Kochtopf 106
Gemüserisotto im Kochtopf 107
Polenta aus grobem Maisgrieß (Bramata) 108
Polenta aus mittelfeinem Maisgrieß 108
Polenta aus feinem Maisgrieß (2 Minuten) 108
Kornotto 109
Dinkelreis, vorgequellt, schnellkochend 109
Hirsotto 110
Teigwaren 110

Gemüsebeilagen 111

Glasierte Karotten 112
Fenchel, gedämpft 112
Blumenkohl, gedämpft 113
Spargel 113
Rote Bete, Randen 114
Weißkohl, Weißkabis 114
Glühwein-Rotkraut, Rotkohlgemüse 115
Peperonata 116
Ratatouille 117
Zucchini, gedämpft 118
Zucchini, gebraten, in Essig eingelegt 118
Broccoli, gedämpft 119
Broccoli, gebraten 119
Artischocken 120
Rohkost-Gemüseteller 121
Chicorée oder Pak Choi, gedämpft 122
Chicorée oder Pak Choi, gebraten 122

Würziger Backofen-Kürbis 123

Hauptmahlzeiten 125

Siedfleischsuppe 126
Fischsuppe 127
Gulasch 128
Reisnudeln mit Chicorée 129
Spargelrisotto 130
Kürbis-Hirsotto 131
Schwarzwurzeln oder Zucchini mit Hirsekruste 132
Paella 133
Zuckerhut-Gemüse mit Schinken und Kartoffeln 134
Geschnetzeltes mit Tiefkühlgemüse & Pommes 135
Kartoffel-Gemüse-Gratin 136
Zucchini-Kartoffel-Gratin 137
Lasagne 138
Ricotta-Gnocchi 139
Pasta mit Hähnchenstreifen und Frischkäse-Sauce 140
Asiatisch angehauchte Pfanne 141
Spaghetti Carbonara 142
Spaghetti Carbonara ohne Ei 142
Spaghetti al Pesto, Basilikum-Pesto 143
Älpler-Magronen 144
Crêpes / Pfannkuchen 145
Pfannkuchen / Fajitas / Tortillas de harina 146
Schweinebraten, Schweinshalsbraten 148
Saftiger Schmorbraten im Kochtopf 149
Sauerbraten im Kochtopf 150
Saftiger Braten im Backofen 152

Reiseproviant, Picknick 153

Frischkäse mit Tortilla-Chips und Rohkostgemüse 154
Schinkensandwich und Rohkostgemüse 155
Maiskolben vom Grill, Folienkartoffeln 156

Grillgemüse in Alufolie 157
Backwaren 157
Salate 157
Teigwaren mit hellroter Zucchinisauce 158
Partysnacks, kaltes Buffet 159
Kalte Platte für Stehempfang und Party 160
Salzstangen 162
Gemüse-Dips 163
Backwaren 165
Fladenbrot 166
Schnelles Quark-Dinkelbrot 166
Schnelles Mais-Hirse-Dinkelbrot 167
Butterzopf 168
Olivenöl-Brot 169
Pizza mit selbst gemachtem Teig 170
Strudelteig simpel, für Süßes oder Salziges 171
Krautstrudel mit Schinken 172
Gemüsestrudel mit oder ohne Fleisch 172
Quarkstrudel 173
Quarkbrötchen 173
Mürbeteig Grundrezept 174
Fruchtwähe, Obstkuchen 175
Gemüsewähe, Gemüsekuchen, Quiche 176
Gemüsewähe mit Hähnchen- / Putenbrust 177
Gemüsewähe, schnell und einfach, fettreduziert 178
Grieß-Quarkkuchen ohne Teigboden 179
Apfel-Früchtebrot, saftig 180
Kirschen-Streuselkuchen 181
Apfelkuchen 182
Heidelbeer-Muffins 183
Maroni-Torte 184
Linzertorte 185

Heidesand-Plätzchen ... 186
Sablés mit Zimtrand ... 187
Haferflocken-Kekse ... 188
Spitzbuben ... 189
Mailänderli, Butterplätzchen ... 190

Desserts, Süßspeisen 191

Maroni-Vermicelles mit Schlagrahm und Früchten ... 192
Zimt-Äpfel ... 193
Crumble, Kompott mit Streuseln überbacken ... 193
Crème Caramel, Karamellpudding ... 194
Quarkcrème mit Honig ... 195
Milchreis ... 195
Grießbrei ... 196
Fruchtsalat ... 197
Weiße Schokomousse ... 197
Fruchtkompott ... 198
Dulce de leche, Milchkaramellpaste ... 198
Maroni, gekocht ... 199
Maroni, glasiert ... 199
Maroni, karamellisiert ... 199
Beeren-Sahneeis ohne Eismaschine, eifrei ... 200
Panir, tofuartiger Frischkäse ohne Reifung ... 201

Anhang 203

Saisontabelle verträgliche Gemüse Schweiz ... 204
Saisontabelle verträgliche Früchte Schweiz ... 205
Corrigendum ... 206

Einführung

Abkürzungen und Definitionen

( )	In Klammern gesetzte Zutaten sind je nach Menge und individueller Empfindlichkeit womöglich nicht einwandfrei verträglich. Wenn nötig Menge verringern oder weglassen
ablöschen	Flüssigkeit zu gebratenen, gerösteten oder anderweitig erhitzten Nahrungsmitteln in die heiße Pfanne geben, um diese rasch abzukühlen
abschmecken	Fertiges Gericht probieren und nach gewünschtem Geschmack nachwürzen
bissfest, al dente	Konsistenz von Reis oder Teigwaren, die exakt so lange gekocht wurden, dass sie gerade weich genug sind zum Essen, aber innen noch leicht hart.
blanchieren	Rohe Gemüse oder Früchte nur kurz (je nach Art und Größe einige Sekunden bis wenige Minuten) in kochendes Wasser eintauchen. Diese Vorbehandlung, nach der das Lebensmittel noch nicht gar gekocht ist, dient der Inaktivierung von Enzymen, um unerwünschte Reaktionen im Lebensmittel zu verhindern (Vitaminverluste, Farbveränderungen). Viel kochendes Wasser verwenden und das Kochgut nicht kühlschrankkalt und nur portionenweise hinein geben, sonst kühlt das Wasser zu stark ab. Anschließend sofort kurz in kaltem Wasser abkühlen, um Nachgaren zu verhindern. Um das Auswaschen wertvoller Inhaltsstoffe zu verlangsamen, sollte das Wasser gesalzen werden. Blanchiertes eignet sich gut abgetropft oder sanft trocken geschüttelt zum Einfrieren oder ist im Kühlschrank 2-3 Tage haltbar, wenn es nicht sofort weiter verarbeitet werden soll.
Btl.	Beutel, kleiner Portionenbeutel. Entspricht je nach Hersteller bei Backpulver ca. 18 g, ausreichend für typischerweise 500 g Mehl, bei Vanillinzucker ca. 8 g für ebenfalls 500 g Mehl oder 5 dl Flüssigkeit
Kastenform	(Königs-)Kuchenform, Cakeform
dl	Deziliter. 1 dl = $^{1}/_{10}$ Liter = 100 ml

EL	Esslöffel (Maßeinheit). **1 EL = 15 ml = 15 cm³**. Gemeint ist immer ein ***gestrichener*** Esslöffel (d.h. alles, was den Löffelrand überragt, wird z.B. mit dem Messerrücken weggestrichen). Diese gebräuchlichste Definition bezieht sich noch auf die alten, tiefen Löffelformen. Die heute produzierten Esslöffel sind deutlich flacher und haben nur rund halb so viel Fassungsvermögen, also effektiv etwa 7.5 ml oder 10 ml.
Evtl.	Eventuell. Zutat kann problemlos weggelassen werden
f	Plus die darauf folgende Seite (bei Seitenzahlen)
ff	Plus die darauf folgenden Seiten (bei Seitenzahlen)
h	Stunden
min	Minuten
ml	Milliliter. 1000 ml = 1 Liter. 100 ml = 1 dl
Msp.	Messerspitze (ungenaue Maßeinheit). Pulvermenge, die auf einer spitzen Messerspitze stehenbleibt (0.5 - 1 cm lang), wenn das Messer durch das Pulver gezogen wird
S.	Seite
Schneebesen	Schweiz: Schwingbesen. Rührwerkzeug aus gebogenem Draht
Tasse	Volumenmaß, welches je nach Land, Region und Kochbuchautor ungefähr 240 ml entspricht
TL	Teelöffel (Maßeinheit). **1 TL = 5 ml = 5 cm³**. Gemeint ist immer ein ***gestrichener*** Teelöffel (d.h. alles, was den Löffelrand überragt, wird z.B. mit dem Messerrücken weggestrichen). Diese gebräuchlichste Definition bezieht sich noch auf die alten, tiefen Löffelformen. Die heute produzierten Teelöffel sind deutlich flacher und haben nur rund halb so viel Fassungsvermögen, also effektiv etwa 2.5 ml.
ziehen lassen	Nahrungsmittel unter dem Siedepunkt garen (pochieren)

Mastzellaktivitätssyndrom (MCAS), Histaminose

Histamin dient im Körper als Mediator (=Botenstoff, Informationsüberträger), der im Körper ständig zahlreiche Vorgänge mitreguliert. Bekannt ist Histamin vor allem als Symptomvermittler bei allergischen Reaktionen. Bei Allergenkontakt wird explosionsartig sehr viel Histamin ausgeschüttet, um den Körper in einen Alarmzustand zu versetzen.

Bei der Histamin-Unverträglichkeit handelt es sich jedoch nicht um eine echte Allergie, obwohl sie sich ähnlich äußert. Wie durch Histamin vermittelte unspezifische (=nichtallergische) Unverträglichkeitsreaktionen im Detail zustande kommen, ist auf biochemischer Ebene noch nicht zweifelsfrei geklärt. Derzeit geht man von folgenden Hauptmechanismen aus:

- Histamin entsteht in Nahrungsmitteln beim Verderb und auch bei gewollten mikrobiellen Fermentations- und Reifungsprozessen. Histamin ist ein Abbauprodukt der Aminosäure Histidin, die wiederum ein Abbauprodukt bzw. ein Baustein von Proteinen (Eiweißen) ist. Besonders in Fisch, alkoholischen Getränken, Essig, in altem rezentem Käse und in gereiftem Fleisch können oft sehr hohe Konzentrationen von Histamin und anderen biogenen Aminen entstehen. Deren übermäßige Aufnahme mit der Nahrung kann in Extremfällen selbst bei Gesunden heftige Symptome einer Lebensmittel*vergiftung* auslösen.
- Wenn die Abbaukapazität der Histamin abbauenden Enzyme beeinträchtigt ist (z.B. durch bestimmte Darmerkrankungen, durch Hemmstoffe oder bei Gendefekten), kann schon eine alltägliche, im normalen Bereich liegende Histaminzufuhr den Stoffwechsel überfordern und Symptome auslösen. Diesen Mangel an Enzymaktivität bezeichnet man als **Histamin-*Intoleranz* (HIT)**.
- Bei Personen mit krankhaft veränderten Mastzellen (**Mastozytose, Mastzellaktivitätssyndrom MCAS**) können bestimmte Lebensmittel, Zusatzstoffe, Medikamente, Stress und weitere Umweltfaktoren eine übermäßige Freisetzung von gespeichertem körpereigenem Histamin und anderen Botenstoffen (z.B. Entzündungsmediatoren) aus den Mastzellen auslösen.

Histaminose definieren wir hier als den *Zustand* eines im Körper so weit vom Idealbereich abweichenden Histaminstatus (lokal oder systemisch), dass das Wohlbefinden oder körperliche / geistige Funktionen über das normale Maß hinaus beeinträchtigt werden. Solange im Einzelfall unklar ist, durch welche körperliche Störung die beobachtete Histaminose verursacht wird (HIT? MCAS? andere?), verwenden wir den allgemeineren Begriff **Histamin-*Unverträglichkeit***.

Die **Symptome** gleichen einer Allergie, einer Lebensmittelvergiftung oder einer Erkältung. Sie treten insbesondere im Zusammenhang mit der Nahrungsaufnahme auf, können aber auch chronisch andauern oder schubweise auftreten, ohne dass der Betroffene einen Zusammenhang mit der Ernährung erkennt. Möglich sind z.B. laufende Nase, Verdauungsbeschwerden, Juckreiz, Ausschlag, Schwitzen, Herzprobleme, Blutdruckabfall, Kopfschmerzen, Schwindel, Schlafstörungen, Müdigkeit, Konzentrationsstörungen, Übelkeit, Menstruationsbeschwerden, ...

Die Komplexität des Themas lässt sich nicht in einem Kochbuch abhandeln. Deshalb verzichten wir hier auf einen ausführlichen Theorieteil und verweisen stattdessen auf die Website zum Buch:

http://www.histaminintoleranz.ch

Vorgehen bei der Ernährungsumstellung

Um herauszufinden, ob man grundsätzlich auf eine Histamin-Eliminationsdiät (=Auslassdiät) anspricht und wie strikt diese im Einzelfall eingehalten werden muss, empfiehlt sich folgendes Vorgehen in fünf Schritten [Vorschlag des Autors]:

1) Differenzialdiagnostik durch den Allergologen
2) Diagnostische Eliminationsdiät
3) Provokationstests
4) Wiederaufbau einer vielfältigen Ernährung
5) Medikamentöse Unterstützung

1) Differenzialdiagnostik durch den Allergologen

Viele Betroffene haben nebst ihrer Histaminose noch weitere Allergien oder Unverträglichkeiten. Bleiben diese unerkannt, hat man mit der Histamin-Eliminationsdiät alleine nur wenig bis keinen Erfolg. Um eine deutliche Besserung zu erzielen, müssen gleichzeitig auch etwaige andere Erkrankungen erkannt und richtig therapiert werden. Deshalb sollte am besten noch vor dem Beginn experimenteller Diäten zuerst einmal abgeklärt werden, ob noch weitere Allergien, Unverträglichkeiten oder sonstige Erkrankungen vorliegen.

Weder die Histamin-Intoleranz noch das MCAS lassen sich derzeit mit einem eindeutigen Labortest diagnostizieren. Lediglich eine Ausschluss- und Verdachtsdiagnose ist möglich. Ausschlussdiagnose bedeutet: Der Arzt untersucht den Patienten auf andere, ähnliche Erkrankungen. Wenn nichts Anderes gefunden werden kann, und das Arzt-Patienten-Gespräch zusammen mit dem übrigen Patientendossier genügend Indizien für ein Histaminproblem liefert, wird eine vorläufige Verdachtsdiagnose gestellt.

2) Diagnostische Eliminationsdiät (4 Wochen)

Eine diagnostische Eliminationsdiät (Auslassdiät) ist die derzeit aussagekräftigste Methode, um zu überprüfen, ob eine Person auf Histamin und/oder auf Histaminliberatoren (genauer: Liberatoren von Mastzellmediatoren) reagiert.

Dabei stellen sich jedoch einige Schwierigkeiten:

- Die Diät ist sehr aufwändig und lässt sich nicht so leicht verstehen und umsetzen wie andere Diäten.
- Nicht alle Histamin-Empfindlichen reagieren gleich. Bei Histamin-Intoleranz reagiert man vorwiegend auf Histamin (d.h. auf Fermentiertes, Gereiftes, Verderbliches) und nicht so sehr auf Histaminliberatoren. Beim MCAS hingegen reagiert man auch auf zahlreiche Liberatoren. Während man auf Histamin schon innerhalb der ersten Stunde nach Beginn der Nahrungsaufnahme rasch reagiert, kann bei den Liberatoren eine recht heterogene und zeitlich stark verzögerte Symptomatik beobachtet werden. Manchmal zeigen sich Symptome noch nicht nach einmaliger Einnahme eines Auslösers, sondern addieren sich schleichend über Tage hinweg auf, wenn an mehreren aufeinander folgenden Mahlzeiten etwas Unverträgliches konsumiert wurde. Auch das Abklingen kann viele Stunden oder Tage dauern. Das macht es außerordentlich schwierig, das Auftreten (oder das chronische Andauern) von Beschwerden bestimmten Mahlzeiten oder sogar einzelnen Zutaten zuzuordnen.
- Die Empfindlichkeit ist nicht immer einheitlich reproduzierbar, sondern abhängig von der Tagesform, beeinflusst z.B. durch Stress und weitere Umweltfaktoren.

Solange man noch ständig unter Symptomen leidet, merkt man einigen Zutaten nicht an, dass sie Symptome auszulösen vermögen. Erst im symptomfreien Zustand kann man allen Lebensmitteln deutlich genug anmerken, wie gut man sie verträgt. Deshalb sollten zu Beginn konsequent nur die besonders gut verträglichen Lebensmittel konsumiert werden, bis die Symptome merklich abgeklungen sind und sich auf einem stabilen Niveau eingependelt haben (nicht alle erreichen mit der Diät ein vollständiges Abklingen). Zutaten, die nicht für alle einwandfrei verträglich sind, wurden in diesem Buch in Klammern gesetzt.

Besonders gut verträgliche Mahlzeiten bietet das Kapitel „Für schlechte Tage". Beginnen Sie mit der dort beschriebenen Reis-Diät. Führen Sie nach dem Abklingen Ihrer Symptome die Kartoffeln wieder ein (zu Beginn noch geschält und gewässert) und dann Schritt für Schritt einzelne weitere besonders gut verträgliche Zutaten. Nach einigen Tagen können Sie sich an die Rezepte in den übrigen Kapiteln heranwagen. Eine erste markante Besserung des Befindens sollte normalerweise schon in den ersten zwei Tagen auffallen. Weitere Fortschritte können aber Wochen bis Monate beanspruchen.

Halten Sie die Eliminationsdiät zunächst ungefähr während vier Wochen konsequent ein, bis die Symptome auf ein stabil niedriges Niveau abgeklungen sind. Erst die unten beschriebene Provokationsphase liefert jedoch die Bestätigung, dass wirklich die vermuteten Auslöser für die Symptome verantwortlich sind.

Diese Ernährungsexperimente sollten von Anfang an, oder spätestens wenn es nicht auf Anhieb gelingen sollte, auf diese Weise ohne fremde Hilfe wieder eine vollwertige Ernährung aufzubauen, **von einer auf Unverträglichkeiten spezialisierten Ernährungsberaterin / Diätassistentin begleitet** werden.

Es empfiehlt sich, ein Ernährungs- und Symptomtagebuch zu führen.

3) Provokationstests

Eindeutig **unverträgliche** Grundnahrungsmittel aus verschiedenen Nahrungsmittelgruppen (Fleischzubereitungen, Milchprodukte, Gemüse, Früchte, Zusatzstoffe etc.) werden wieder konsumiert. Wenn man auf die meisten dieser als unverträglich geltenden Lebensmittel reagiert (was manchmal erst nach mehrmaliger Einnahme der Fall ist!), kann man die Diagnose als bestätigt betrachten. Diese Phase dient somit noch nicht dem Wiederaufbau einer möglichst uneingeschränkten Ernährung, sondern ist immer noch Teil der Diagnose. Es geht darum, deutliche Reaktionen festzustellen. Der Patient braucht aber nicht alles gemäß einer Liste durchzutesten, sondern soll diese Phase für beendet erklären, sobald ihm das Resultat deutlich genug ist.

Wichtig ist auch der Lerneffekt der Provokationsphase: Nach erfolgreicher Diät will man schon sehr bald nicht mehr glauben, dass eine solche wirklich nötig ist, denn der motivierende Leidensdruck ist nun weg und man fühlt sich gesund. Nach den Provokationstests bleibt hingegen die schmerzhafte Erfahrung in Erinnerung, dass es eben doch nicht anders geht, als die Diät einzuhalten.

Vorsicht: Bei Patienten, die in der Vorgeschichte bereits einmal einen anaphylaktischen oder anaphylaktoiden Schock erlitten haben, sollte man auf Provokationstests verzichten oder diese nur unter ständiger ärztlicher Überwachung durchführen und Notfallmedikamente bereit halten. Lebensbedrohliche Schocks können auch erst viele Stunden nach der Einnahme auftreten.

4) Wiederaufbau einer vielfältigen Ernährung, therapeutische Eliminationsdiät

Um einer Mangelernährung vorzubeugen, sollte man sich möglichst abwechslungsreich und ausgewogen ernähren. Allerdings können Verträglichkeitslisten nur als grobe Orientierungshilfe dienen beim Wiederaufbau einer möglichst vielfältigen Ernährung. Jeder Betroffene muss selbst austesten, welche Lebensmittel er bei seiner individuellen Verträglichkeit in welchen Mengen verträgt. Hierzu werden immer mehr Lebensmittel einzeln wieder in den Speiseplan aufgenommen und idealerweise an drei aufeinanderfolgenden Hauptmahlzeiten konsumiert. Treten erneut Symptome auf, merkt man sich dieses als unverträglich und stellt wieder auf die besonders gut verträglichen Lebensmittel um bis zum Abklingen der Symptome. Tauchen auch am Tag danach noch keine Symptome auf, kann man es als verträglich betrachten und ein weiteres Lebensmittel ausprobieren.

Die auf diese Weise ermittelte therapeutische Eliminationsdiät muss dauerhaft eingehalten werden, solange die Erkrankung besteht. Immerhin stellt sich auch bei den nicht heilbaren Formen der Histaminose meist mit der Zeit eine teilweise Besserung ein: Die chronischen Entzündungen klingen ab, die Nährstoffaufnahme über den Darm funktioniert wieder besser, der Körper erholt sich. Dadurch nimmt die Empfindlichkeit ab, und man verträgt wieder etwas mehr als zuvor.

Da die Verträglichkeit dosisabhängig ist, müssen unverträgliche Zutaten nicht unbedingt ganz gemieden werden. Oft sind sie ausreichend verträglich, wenn man sie in sehr kleinen Mengen kombiniert mit verträglichen Zutaten konsumiert.

Bei optimaler Nährstoffversorgung verträgt man die Nahrung tendenziell besser als bei Mangel- oder Fehlernährung. Gönnen Sie sich täglich mehrere ausgewogene Mahlzeiten, die Ihrem Körper alle benötigten Nährstoffe in ausreichender Menge und im richtigen Verhältnis zuführen. In möglichst jeder Mahlzeit sollte aus jeder der drei folgenden Kategorien mindestens ein Lebensmittel enthalten sein:

- Proteine: Fleisch, Fisch, Milchprodukte, Eigelb, Hanfsamen, ...
- Stärke: Kartoffeln, Getreideprodukte aus Dinkel, Reis, Mais, Hirse, ...
- Gemüse, Salat, Früchte

5) Medikamentöse Unterstützung

Je nach Schweregrad reicht die Eliminationsdiät alleine oft nicht aus, um völlige Beschwerdefreiheit zu erlangen. Es stehen aber verschiedene Arzneimittel zur Verfügung, die entweder bei Bedarf oder auch dauerhaft während Jahren eingenommen werden können, um die Lebensqualität weiter zu steigern. Typischerweise werden mehrere sich ergänzende Wirkstoffe in Kombination benötigt.

Ob man auf die geeigneten ärztlich verschriebenen Medikamente wie erwartet anspricht, stellt gleichzeitig einen weiteren wichtigen Aspekt der Diagnosestellung dar und zeigt, ob man auf dem richtigen Weg ist.

Weil die Phase 4 meist ein jahrelanger Lernprozess ist, kann mit der Medikation schon während des Aufbaus einer vielfältigen Ernährung begonnen werden. Dabei sollte berücksichtigt werden, dass sich unter dieser Medikation die Verträglichkeit von Lebensmitteln nicht mehr gleich gut beurteilen lässt wie ohne Medikamente. Oft kann dank Medikamenten die Diät ein kleines bisschen weiter gelockert werden. Trotzdem können Medikamente die Diät nicht ersetzen, sondern die Diät sollte unbedingt als Hauptteil der Therapie beibehalten werden.

Eignung der Rezepte

Alle Rezepte sind geeignet bei nicht allergisch bedingten („pseudoallergischen“) ernährungsabhängigen Histaminerkrankungen, wie auch immer man sie definieren und bezeichnen mag: **Mastzellaktivitätssyndrom MCAS, Mastozytose, Histaminose, Histamin-Unverträglichkeit, Histamin-Intoleranz**. Nicht nur der Histamingehalt, sondern auch andere biogene Amine, Histaminliberatoren (genauer: Liberatoren von Mastzellmediatoren) sowie Inhibitoren der Histamin abbauenden Enzyme (DAO-Hemmer) wurden so weit berücksichtigt, wie es auf Grund von Erfahrungswerten Betroffener nötig ist. Die Verträglichkeit ist dosisabhängig, und die Empfindlichkeit ist individuell verschieden. Eine scharfe Unterteilung in verträgliche und unverträgliche Zutaten ist daher nicht möglich. Jeder Betroffene muss für sich selbst ausprobieren, welche der hier verwendeten Lebensmittel er in welchen Mengen verträgt.

Zutaten, die je nach individueller Empfindlichkeit möglicherweise mit Vorsicht verwendet oder weggelassen werden sollten, wurden in den Rezepten **in Klammern** gesetzt.

Wer auf **Salicylate** und **Benzoate** sehr empfindlich reagiert, muss in einigen Rezepten die pflanzlichen Zutaten, in denen diese Stoffe natürlicherweise vorkommen, zurückhaltend dosieren oder weglassen: besonders Beeren, Gewürze, Kräuter, Trockenfrüchte, Olivenöl, Honig, Schalen von Früchten und Gemüsen. Sie werden in den Rezepten nicht speziell gekennzeichnet, weil sie nicht notwendigerweise unverträglich sein müssen und in üblichen Mengen oft gut vertragen werden.

Für alle gesunden Menschen sind diese Kochrezepte natürlich ebenso geeignet und schmackhaft. Es sind gar nicht so ungewöhnliche Speisen, bei denen die ganze Familie und Gäste unbesorgt mitessen dürfen. In den meisten Fällen würde wohl nicht einmal jemand merken, dass es sich um eine spezielle Diät handelt.

Zusätzlich sind alle Rezepte bei **Unverträglichkeit von ATI-Getreide** geeignet (ATI = Amylase-Tryptase-Inhibitoren), sofern von den glutenhaltigen Getreidearten nur ursprüngliche, züchterisch wenig veränderte Sorten verwendet werden (z.B. Ur-Dinkel).

Viele Rezepte sind gleichzeitig auch **glutenfrei** oder in einer glutenfreien Variante umsetzbar. Sie sind daher bei Zöliakie, Sprue oder Glutensensitivität geeignet, sofern man die Zutaten in glutenfreier Qualität einkauft und bei der Zubereitung darauf achtet, selbst kleinste Spuren von glutenhaltigen Verunreinigungen zu vermeiden.

Zahlreiche Rezepte sind **laktosefrei**, laktosearm, oder lassen sich in einer laktosefreien Variante zubereiten (z.B. ohne Milchprodukte oder mit laktosefreien Milchprodukten). Laktosefreie Milchprodukte sind zwar bezüglich Histamin oft ein kleines bisschen weniger gut verträglich als normale Frischmilch, sollten aber zumeist ausreichend verträglich sein.

Oberhalb von jedem Rezept finden Sie jeweils rechts einen Hinweis, ob das Rezept zusätzlich frei von Gluten und Laktose ist, oder als gluten- / laktosefreie Variante zubereitet werden kann. Diese Hinweise dienen jedoch nur als grobe Orientierungshilfe und treffen nicht unbedingt auf jede einzelne der vorgeschlagenen Rezeptvariationen zu. **Falls Sie von Unverträglichkeiten oder Allergien betroffen sind, setzt das Buch voraus, dass Sie selbst wissen, worauf Sie in Ihrem individuellen Fall speziell achten müssen und welche Zutaten Sie weglassen oder durch andere ersetzen müssen.**

Die folgende Website bietet zusätzliche wichtige Informationen, die möglicherweise für den Therapieerfolg entscheidend sein können (medikamentöse Unterstützung der Diät, aktuelle Listen unverträglicher Medikamente, Lebensmittel und Zusatzstoffe, Küchentipps etc.):

www.histaminintoleranz.ch

Falls eine **nicht mit der Theorie vertraute Person** nach diesem Kochbuch kocht, händigen Sie dieser Person am besten das Rezept immer zusammen mit der nachfolgenden Seite (Grundregeln für den Koch, S. 25) aus, oder überreichen ihr besser noch das ganze Buch. So kann die Person in kurzer Zeit nachvollziehen, worauf bei dieser nicht so leicht zu verstehenden Unverträglichkeit zu achten ist.

Haftungsausschluss

Die Rezeptsammlung wurde mit größtmöglicher Sorgfalt erstellt. Eine scharfe Unterteilung der Zutaten in verträglich und unverträglich ist jedoch nicht möglich und die Empfindlichkeit der Betroffenen ist individuell verschieden. Daher kann die einwandfreie Verträglichkeit der Rezepte nicht garantiert werden. Der Autor und der Verlag lehnen jegliche Haftung für Personen-, Sach- und Vermögensschäden oder andere unerwünschte Auswirkungen aller Art ab, die aus der Nutzung dieser Informationen direkt oder indirekt entstehen können.

Dieses Buch kann bei gesundheitlichen Problemen die professionelle individuelle Beratung und Behandlung durch eine medizinische Fachperson nicht ersetzen, sondern soll diese lediglich ergänzen.

Grundregeln für den Koch

Zutaten:

- Keine anderen Zutaten verwenden als präzise die im Rezept genannten oder als verträglich bekannten.
- Das gilt auch für Gewürze, Saucen, Dressings, Bouillons, Marinaden, Panierung, Dekoration etc.
- Vorsicht: Oft sind Zusatzstoffe in Grundnahrungsmitteln enthalten, wo man sie nicht vermuten würde (z.B. E407 / E410 in Sahne), deshalb Deklaration der Zutaten konsequent beachten.
- Verboten sind insbesondere Konservierungsstoffe, Geschmacksverstärker (Glutamate, Hefeextrakte), künstliche Farbstoffe, bestimmte Verdickungsmittel und Stabilisatoren, scharfe Gewürze.
- Verboten sind aber auch viele natürliche Lebensmittel wie Tomaten, Auberginen, Erdbeeren, Zitrusfrüchte, Hülsenfrüchte, Walnüsse, Schalentiere usw.

  (Siehe nachfolgende Seiten)

Frische und Verarbeitung:

- Nichts Fermentiertes (Wein, Essig, Sojasauce, Worcestersauce), nichts Gereiftes (Käse, Salami).
- Verderbliche Produkte nur wenn maximale Frische und ununterbrochene Kühlkette gewährleistet sind.
- Keine Konserven, keine Fertigprodukte, kein Convenience Food (außer wenn im Rezept genannt).

Beispiele unverträglicher Lebensmittel

Die folgende Liste zeigt nur eine Auswahl der wichtigsten unverträglichen Lebensmittel und verträglichen Alternativen. Eine ausführlichere und aktuellere Liste finden Sie auf **www.histaminintoleranz.ch**.

Die Verträglichkeit bezieht sich auf Mastzellerkrankungen (insbesondere auf das Mastzellaktivitätssyndrom MCAS), d.h. es werden nebst (hist)aminhaltigen Lebensmitteln und Diaminoxidase-Hemmern auch Liberatoren von Mastzellmediatoren berücksichtigt.

Die Verträglichkeit ist dosisabhängig und unterscheidet sich auch je nach Schweregrad und individueller körperlicher Ursache. Eine scharfe Abgrenzung zwischen „verträglich" und „unverträglich" ist daher nicht möglich.

Die Lebensmittel in der rechten Spalte sind nur dann verträglich, wenn ihnen keine unverträglichen Zusatzstoffe zugesetzt wurden! Vorsicht z.B. bei Sahne, Hüttenkäse etc.

☒ Zu meiden:	☑ Gut verträglich:

Fleisch, Eier

Fleischkonserven, gereiftes, getrocknetes, extra lange abgehangenes, mariniertes, gepökeltes, geräuchertes oder anderswie haltbar gemachtes Fleisch oder Fleischzubereitungen Stark zerkleinertes oder püriertes Fleisch: Fleischkäse, Brotaufstriche, Aufschnitt, Hackfleisch, Wurstwaren, etc. Wildfleisch (frisches Wildschwein ist o.k.) Leber, evtl. auch andere Innereien Eier, Eiklar	Frisches Frischfleisch roh, ungewürzt und unmariniert einkaufen und selbst zubereiten, immer gut gekühlt! (Evtl. Kochschinken je nach Zutaten) Eigelb

Fisch, Schalentiere, Krustentiere

Fisch, Schalentiere und Krustentiere: z.B. Muscheln, Krebse etc.	Süßwasserfisch, absolut fangfrisch (oder tiefgekühlt, wenn nicht zu lange gelagert und rasch aufgetaut)

Milchprodukte

Alle Käse außer Frischkäse: z.B. Hartkäse, Weichkäse, Schmelzkäse, Schimmelkäse, evtl. Frischkäsezubereitungen Vorsicht bei Joghurt, Sauerrahm / saure Sahne, Crème fraîche, Rohmilch, Reismilch, Sojamilch	Milch: PAST-, H-Milch, ganz frische Rohmilch, Rahm / süße Sahne (ohne Zusatzstoffe) Naturbelassener Frischkäse: Panir, Mozzarella, Quark, Ricotta, Mascarpone

Stärkebeilagen, Getreide, Backwaren

Die Verträglichkeit der Getreidearten und -sorten ist uneinheitlich, abhängig vom individuellen Schweregrad und weiteren, noch nicht genau bekannten Faktoren.

Weizenkeime, Buchweizen Evtl. bestimmte Getreidearten oder Sorten, insbesondere Weizen Evtl. Hefe- und Sauerteiggebäck mit langer Teigführungsdauer (besonders luftig oder besonders aromatisch) Evtl. Backpulver und weitere Zusatzstoffe	Reis, Mais, Hirse, Hafer Kartoffeln (Vorsicht: bei Salicylat-Empfindlichkeit schälen und wässern) „Ursprüngliche" Getreidesorten: z.B. Urdinkel, Einkorn, Emmer, Kamut Weinsteinbackpulver

Gemüse, Pilze

Wer auf Salicylate und Benzoate sehr empfindlich reagiert, verträgt möglicherweise bestimmte hier als verträglich bezeichnete Gemüsearten nicht gut (besonders die Schalen). → www.histaminintoleranz.ch

Sauerkraut, Essiggemüse, Spinat, Pilze, Tomaten (auch Ketchup, Tomatensaft etc.), Aubergine, Avocado, Hülsenfrüchte: Soja (auch Sojaprodukte wie Tofu, Sojamilch etc.), Linsen, Bohnen; Kohlrabi Evtl. nur in kleinen Mengen: Knoblauch, Zwiebeln, Lauch, Bärlauch, Wirsing = Wirz	Fast alle anderen Gemüse, frisch oder tiefgekühlt (Evtl. grüne Buschbohnen und Erbsen in kleinen Mengen?) Allergiker: auf mögliche allergische Kreuzreaktionen achten!

Obst, Früchte, Nüsse

Wer auf Salicylate und Benzoate sehr empfindlich reagiert, verträgt möglicherweise bestimmte hier als verträglich bezeichnete Früchte (besonders Beeren, Trockenfrüchte sowie Fruchtschalen) nicht gut. Siehe www.histaminintoleranz.ch.

Erdbeeren, Himbeeren, Zitrusfrüchte: Zitrone, Orange, Grapefruit, Mandarine etc.; Banane, Ananas, Kiwi, Birnen, Papaya, Guave Nüsse: besonders Walnüsse, Cashewnüsse, Erdnüsse Überreife Früchte und faule Stellen meiden	Alle anderen Früchte, z.B. Apfel, Pfirsich, Aprikose, Melone, Kaki, Kirsche; frisch oder getrocknet (nur ungeschwefelt!) Macadamianüsse Allergiker: auf mögliche allergische Kreuzreaktionen achten!

Würze, Gewürze, Küchenkräuter

Wer auf Salicylate und Benzoate sehr empfindlich reagiert, verträgt möglicherweise bestimmte hier als verträglich bezeichnete Gewürze und Küchenkräuter nicht gut. Details auf www.histaminintoleranz.ch.

Geschmacksverstärker: Hefeextrakte, Glutamate E620-E625, Natriumglutamat; Essig, Sojasauce, Worcestersauce, Klee Scharfe Gewürze: Pfeffer, Chili, Curry, Senf, etc.	Alle Küchenkräuter, frisch, tiefgekühlt oder getrocknet (außer evtl. Dill, Schnittlauch, Thymian, Pfefferminze) Salz ohne Jod- und Fluorzusatz Paprikapulver mild, Curcuma, Kümmel Allergiker: auf mögliche allergische Kreuzreaktionen achten!

Süßes

Wer auf Salicylate und Benzoate sehr empfindlich reagiert, verträgt möglicherweise Honig nicht gut.

Kakao, braune & dunkle Schokolade Künstliche Süßstoffe Malz, Süßholz, Lakritze, Carob	Evtl. Kakaobutter, weiße Schokolade natürliche Zuckerarten, Honig Sucralose, Stevia

Zusatzstoffe

Auch als Hilfsstoffe in Medikamenten und Nahrungsergänzungsmitteln enthalten!

Konservierungsstoffe: Sulfite (E220 - E228), Benzoesäure, Benzoate (E210-E213) Sorbinsäure und Sorbate (E200-203) Parabene = PHB-Ester (E214-E219) **Farbstoffe:** Erythrosin E127, Chinolingelb E104, Tartrazin E102, Amaranth E123, Azorubin, Karmesin E122, Karmin, Cochenille E120, Gelborange S E110, Rot 2G, Acid Red 1, Azophloxin E128, Cochenillerot A, Ponceau 4R E124, Patentblau V E131, Indigokarmin, Indigotin I E132 **Verdickungsmittel, Stabilisatoren:** Carrageen, Carragheen, E407, E407a Johannisbrotkernmehl, Carubin, E410 Guarkernmehl, Guaran, E412 **Geschmacksverstärker:** Natriumglutamat, Glutamate E620-E625, Hefeextrakt **Aromastoffe:** Chinin, evtl. „Aromen" allgemein **Stimulantien:** Theobromin, Koffein **Supplemente, Nahrungsergänzung:** Jod, Jodsalz, Kaliumiodid, Kaliumiodat, Fluor, evtl. Folsäure	

Getränke

Alkohol, Kaffee, Schwarztee, Grüntee, Säfte und Limonaden aus unverträglichen Zutaten, Kohlensäure	Wasser, Tee aus Eisenkraut, Salbei, Rooibos pur, Lindenblüten, Zitronenmelisse, Goldmelisse, (Pfefferminze) Säfte und Nektar aus verträglichen Zutaten

Kleine Lebensmittelkunde

Um Unklarheiten zu beseitigen und um Missverständnissen vorzubeugen, werden hier einige der in diesem Buch verwendeten spezielleren Zutaten etwas genauer beschrieben.

Konkrete Bezugsquellen nennen wir hier keine, weil diese in einem gedruckten Buch schnell veraltet wären. Stöbern Sie in den Läden, geben Sie in Internetsuchmaschinen geeignete Suchbegriffe ein, um Online-Shops mit Postversand zu finden, oder konsultieren Sie die SIGHI-Website (www.histaminintoleranz.ch).

Fehlt im Laden ein benötigtes Lebensmittel in verträglicher Qualität, dann teilen Sie bitte unbedingt dem Kundendienst dieser Ladenkette und zusätzlich auch dem Verkaufspersonal immer wieder mit, was Sie gerne kaufen möchten, aber nirgends finden können. Die Histaminose ist so häufig, dass wir gemeinsam Einfluss auf das Produktesortiment nehmen könnten, wenn die Hersteller davon wüssten.

Albaöl®

Rapsöl aus einer Rapssorte mit besonders hohem Anteil gesunder Fettsäuren, mit zugesetztem Butteraroma (laktosefrei) und zum Braten geeignet.

Alkoholessig, Branntweinessig, Weingeistessig, Essigessenz

Gewöhnlicher Gärungsessig wird aus vergorenem Pflanzenmost hergestellt. Essigsäurebakterien wandeln den bei der Gärung entstandenen Alkohol mittels Sauerstoff in Essigsäure um. Der Pflanzenmost ist ein kompliziertes Stoffgemisch mit Proteinen, aus denen biogene Amine entstehen können. Normaler Gärungsessig ist deshalb histaminreich und unverträglich.

Füttert man die Essigsäurebakterien im Bioreaktor hingegen nur mit reinem destilliertem Alkohol in einer künstlichen Nährstofflösung, so entsteht daraus fast nur Essigsäure. Auf diese Weise hergestellter Essig wird in der Schweiz meist als **Alkoholessig** bezeichnet; in Deutschland und Österreich heißt er **Branntweinessig**, **Weingeistessig** oder als Konzentrat **Essigessenz** (englisch: **white vinegar**, **distilled vinegar**). Er enthält deutlich weniger Histamin und andere "Verderbnisprodukte" und ist daher besser verträglich, aber auch vergleichsweise geschmacksneutral. Man findet ihn in vielen Supermärkten, jedoch nicht im Reformhaus. Oft wird er unter Sachbezeichnungen wie „Essig“, „Tafelessig“ oder „Speiseessig“ verkauft, und es wird nur aus der **Zutatenliste** ersichtlich, dass Branntweinessig (=Alkoholessig) verwendet wurde.

Auch Alkoholessig ist nicht ganz histaminfrei und sollte deshalb in der histaminarmen Küche sparsam eingesetzt werden.

Nicht verwechseln mit Weißweinessig, Weinessig oder farblosem Reisessig (unverträglich)!

Verwenden Sie nur Produkte ohne unverträgliche **Zusatzstoffe**. Oft sind Farb- und Konservierungsstoffe enthalten.

Beachten Sie den auf der Essigflasche deklarierten Säuregehalt. Gewöhnlicher Essig enthält rund 4,5 % Essigsäure. Alkoholessig bzw. Essigessenz wird oft deutlich stärker konzentriert angeboten und muss entsprechend verdünnt bzw. sparsamer verwendet werden.

Ascorbinsäurepulver

Reines Ascorbinsäurepulver (=Vitamin C) ist in der Apotheke erhältlich, oft in Dosen oder Nachfüllbeuteln zu 100 g. Ascorbinsäure schmeckt sauer und kann in einigen Rezepten die Säure von Zitronensaft ersetzen. Zudem senkt sie den Histaminspiegel, ist aber gleichzeitig auch ein schwacher Diaminoxidase-Hemmer (DAO-Hemmer). Bei Mastzellerkrankungen ist sie vernünftig dosiert sicher empfehlenswert. Vermutlich muss aber bei DAO-Abbaustörungen damit gerechnet werden, dass sie sich evtl. nachteilig auswirkt.

Bouillon, Brühe, Brühwürfel, Würze

Würzmittel, sei es in Form von Pulvern, Brühen oder Würfeln, enthalten fast immer den unverträglichen Geschmacksverstärker Glutamat. Teils werden die verpönten Geschmacksverstärker hinter harmloser klingenden Bezeichnungen wie „Hefeextrakt“ versteckt. Wählen Sie deshalb ein für Sie verträgliches Produkt, das weder Glutamat noch Hefeextrakt und auch nicht zu viele andere unverträgliche Zutaten enthält, oder verwenden Sie selbst gemachte Bouillon.

Eigelb, Eidotter

In dieser Rezeptsammlung verwenden wir nur das Gelbe vom Ei, weil einige Betroffene das Eiklar roh und oft auch gekocht nicht vertragen. Wer Eiklar verträgt, kann selbstverständlich das ganze Ei verwenden. Zumindest in denjenigen Rezepten, wo dies Sinn macht.

Wer beim Trennen ganz sauber arbeiten will, kann den Dotter noch unter einem sanften Wasserstrahl abspülen. Je nach Empfindlichkeit ist das aber nicht nötig.

Frischkäse

Der Begriff Frischkäse hat zwei Wortbedeutungen. Im weiteren Sinne sind damit alle sehr jungen Käsesorten fast ohne Reifung gemeint. Sie sind histaminarm, aber leider allesamt weich, bleich und fast geschmack- und geruchlos. Bekannte Beispiele sind: Quark, Mozzarella, Mascarpone, Ricotta, Hüttenkäse. Weniger bekannt sind Panir und Junket.

Im engeren Sinne meint man damit aber auch eine Frischkäsesorte, die keinen spezifischen Namen hat, sondern einfach eine weiße streichfähige Masse darstellt (in diesem Buch als „streichfähiger Frischkäse" bezeichnet). Im Handel wird er mit der Sachbezeichnung „Frischkäse" und einem herstellerabhängigen Fantasie- oder Markennamen angeboten. Achten Sie auf unverträgliche Zusatzstoffe: Konservierungsstoffe, Stabilisatoren, Verdickungsmittel (Johannisbrotkernmehl E410, Guarkernmehl E412, Carrageen E407) und Jod sollten nicht enthalten sein.

Achtung: Schmelzkäse ist kein Frischkäse und wird oft schlecht vertragen!

Geriebener Mozzarella

Mozzarella kennen die meisten nur als einen nassen, weichen, oft in Salzlake oder Molke schwimmenden Klumpen. Es gibt aber in einigen Supermärkten auch einen trockenen, zu Reibkäse verarbeiteten Mozzarella, der so wie andere Reibkäse gerieben im Beutel angeboten wird.

Histaminfreier Wein / Sekt / Frizzante

Der Histamingehalt von Wein kann je nach Hygiene und Herstellungsverfahren sehr unterschiedlich sein, ist oft sehr hoch und wird normalerweise nicht deklariert. Einzelne Hersteller haben sich auf die Herstellung histaminarmer oder sogar histaminfreier Weine spezialisiert. Einerseits kann mit dem Verzicht auf die Phase des Säureabbaus die Histaminbildung eingegrenzt werden, andererseits kann dem Wein das Histamin physikalisch entzogen werden mittels bestimmter Tonmineralien, die anschließend abfiltriert werden.

Als Getränk ist selbst histaminfreier Wein nur mäßig verträglich oder sogar stark unverträglich, falls man auf Histaminliberatoren empfindlich reagiert. Zum Kochen ist er hingegen erfahrungsgemäß gut verträglich, weil der Alkohol beim Erhitzen verdampft. Indem man einen großzügigen Schuss histaminfreien Wein zum Ablöschen verwendet und ihn zu einer Sauce einkocht, verleiht man einem Gericht auch ohne künstliche Geschmacksverstärker einen kräftigen Geschmack.

Paprika, Peperoni

Die Benennung der diversen verschiedenfarbigen dicken und dünnen, runden und langen, milden und scharfen Schoten wird regional uneinheitlich gehandhabt. Egal ob man sie nun Paprika oder Peperoni nennt: Die großen, milden, als Gemüse verwendeten Sorten sind alle verträglich (außer bei Salicylat-Unverträglichkeit), die kleinen scharfen reizen zu sehr und sollten gemieden werden.

Kochschinken

Kochschinken (in dünne Scheiben geschnittener Schinken wie man ihn z.B. in Sandwiches verwendet) wird meist recht gut vertragen, obwohl es sich nicht um Frischfleisch, sondern um eine konservierte Fleischzubereitung handelt. Folgende Zutaten sollten nicht enthalten sein: Geschmacksverstärker, Glutamate (E620-E625), Hefeextrakt, Würze, Würzmischungen, Carrageen (E407), jodiertes Salz oder weitere unverträgliche Zutaten. (Gewürze sind etwas ganz anderes als Würze und sind im Schinken meist kein Problem.) Geräucherte Produkte oder Raucharoma eher meiden. Vorsicht: Rohschinken (ein gepökeltes, luftgetrocknetes oder geräuchertes Trockenfleisch mit langer Reifung) ist unverträglich.

UrDinkel

UrDinkel ist in der Schweiz ein geschützter Markenname der IG Dinkel. Die Marke gewährleistet, dass unter diesem Namen nur ursprüngliche Dinkelsorten verkauft werden, in die kein moderner Weizen eingekreuzt wurde. (In anderen Ländern existiert diese Bezeichnung nicht oder kann eine andere Bedeutung haben, bzw. ist nicht geschützt.)

In dieser Rezeptsammlung verwenden wir konsequent UrDinkel anstatt Weizen, weil die heutigen hochgezüchteten Hochleistungs-Getreidesorten, insbesondere **Weizen**, bei einigen Personen Verdauungsbeschwerden verursachen (z.B. Blähungen, Rumoren, übelriechende Darmwinde), während ursprünglichere, züchterisch weniger veränderte Sorten gut vertragen werden. Es gibt vermutlich noch weitere Dinkelsorten, die ebenfalls verträglich sind, obwohl deren Produzenten sich nicht um die teure Auszeichnung mit dem UrDinkel-Label bemüht haben. Wer kein Problem mit Getreide hat, kann stattdessen selbstverständlich beliebige Getreidesorten verwenden. Verträgt man aus unbekanntem Grund die glutenhaltigen Getreide schlecht, kann es lohnenswert sein, UrDinkel und andere alte Getreidesorten auszuprobieren. In einigen Fällen geht das trotz vermeintlicher Gluten-Sensitivität gut. Wenn jedoch eine Allergie gegen Gluten (Zöliakie, Sprue) diagnostiziert wurde, ist auch UrDinkel unbedingt konsequent zu meiden und durch glutenfreie Produkte zu ersetzen! In der Schweiz findet man UrDinkel-Produkte auch bei einzelnen Supermarktketten.

Weiße Zwiebel

Alliumgewächse (Zwiebel- und Lauchgewächse, inkl. Knoblauch, Bärlauch, Schnittlauch) werden von einem Teil der Betroffenen in größeren Mengen schlecht vertragen. Vermutlich bei Mastzellaktivitätsstörungen auf Grund von Liberatorwirkung. In dieser Rezeptsammlung wird deshalb nur die besonders milde und dadurch besser verträgliche weiße Zwiebel verwendet. Gemeint ist damit nicht die handelsübliche Küchenzwiebel, sondern eine ähnlich große Sorte mit schneeweißer Schale. Sie hat zusätzlich den Vorteil, dass beim Schneiden die Augen nicht tränen. Nicht verwechseln mit der ebenfalls weißen Süßzwiebel oder mit der Silberzwiebel. Wer Zwiebel- und Lauchgewächse problemlos verträgt, darf diese Gemüsearten selbstverständlich nach Belieben verwenden.

Weinsteinbackpulver

Weinsteinbackpulver, auch als Kaliumtartrat oder E336 bezeichnet, ist besser verträglich als normales Backpulver. Weinsteinbackpulver kann man in fast jedem Reformhaus kaufen; meist in Mischung mit Natron, welches ebenfalls verträglich ist.

Küchentipps

Regel Nummer eins:

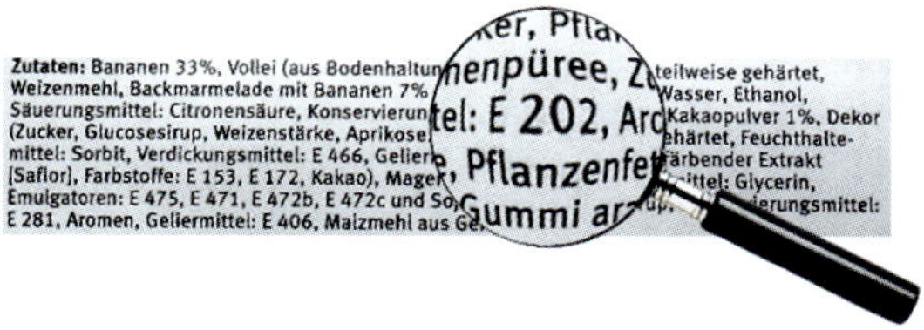

Lesen Sie bei jedem Produkt immer die Zutatenliste aufmerksam durch! Auch bei Grundnahrungsmitteln, von denen Sie nicht erwarten würden, dass Zusatzstoffe enthalten sein könnten (z.B. Sahne). Selbst dann, wenn Sie die Zutatenliste früher schon einmal gelesen haben, denn die Rezeptur kann jederzeit vom Hersteller verändert werden.

Meiden Sie zunächst alle Zutaten, die in der **ausführlichen Lebensmittelliste auf der SIGHI-Website www.histaminintoleranz.ch** als unverträglich bewertet sind. In einer späteren Phase können Sie Produkte mit Zutaten unbekannter Verträglichkeit einzeln ausprobieren und wieder zu Ihrem Speiseplan hinzufügen, sofern diese sich in Ihrem Fall als verträglich erweisen.

Denken Sie daran, dass dies für alles gilt, was Sie in irgendeiner Form zu sich nehmen: nicht nur für Mahlzeiten und Zwischenmahlzeiten, sondern auch für Getränke, Süßigkeiten, Medikamente, Nahrungsergänzungsmittel, ...

Regel Nummer zwei:

Sorgen Sie unbedingt für **maximale Frische und ununterbrochene Kühlung** bei verderblichen Frischprodukten (Fisch, Fleisch, Milchprodukte, Kühlprodukte, Tiefkühlprodukte)! Für histaminsensible Personen kann ein Produkt im Extremfall schon nach einigen Minuten ohne Kühlung verdorben sein. Einmal entstandenes Histamin lässt sich nicht wieder aus dem Lebensmittel entfernen. Weder durch gründliches Kochen noch mit irgendwelchen anderen Methoden.

Legen Sie beim Einkaufen die verderblichen Produkte zuletzt in den Einkaufskorb, kurz bevor Sie zur Kasse gehen. Für den Transport nach Hause verpacken Sie die Frischprodukte gleich nach der Kasse in eine isolierte Kühltasche oder Kühlbox oder wickeln Sie sie in eine Decke, eine Jacke oder einen Pullover. Legen Sie gefrorene Kühlelemente oben auf das Kühlgut. Zu Hause angekommen verstauen Sie gleich als Erstes die verderblichen Produkte im Kühlschrank.

Im Kühlschrank ist es nicht überall gleich kalt. Die verderblichsten Produkte müssen im Nullgradbereich gelagert werden. Bei den meisten Geräten befindet sich dieser hinten unten, aber oberhalb der Gemüseschublade (Abbildung S. 36). Im obersten Fach und im Türbereich hingegen kann es um die 8 bis 15 °C warm sein.

Im Tiefkühler ist die Histaminbildung nicht ganz gestoppt, sondern lediglich stark verlangsamt. Auch Tiefkühlprodukte (besonders Fisch und Fleisch) sollten daher nicht länger als nötig gelagert werden.

Nehmen Sie Kühlprodukte erst dann aus dem Kühlschrank, wenn sie gebraucht werden. Entnehmen Sie die benötigte Menge und stellen Sie den Rest sogleich wieder zurück in den Kühlschrank.

Essensreste sofort in den Kühlschrank stellen oder einfrieren. Je nach Verderblichkeit nur ½ bis 2 Tage im Kühlschrank aufbewahren. Beim Wiederaufwärmen entsteht Histamin. Essen Sie deshalb Reste kalt direkt aus dem Kühlschrank oder sorgen Sie für möglichst rasches Aufwärmen. Auch Reste von gekochtem Reis sofort tiefkühlen oder im Kühlschrank aufbewahren und innerhalb von höchstens 24 h konsumieren.

Weitere Tipps:

Vieles, was den Speisen zu kräftigem Geschmack verhelfen würde, ist bei dieser Diät nicht erlaubt. Küchenkräuter – vielleicht sogar im Garten oder in Töpfen selbst gezogen – können hier Abhilfe schaffen. Einige Kräuter eignen sich zum Einfrieren: z.B. Petersilie (gehackt), Schnittlauch (gehackt), Basilikum (ganze Blätter), Estragon (ganz).

Kartoffeln wenn möglich an einer kühlen Stelle lagern, damit sie länger halten, jedoch nicht im Kühlschrank, sonst wird beim Braten, Backen und Frittieren mehr giftiges Acrylamid gebildet. Nur bei mittlerer statt hoher Hitze und mit reichlich Öl braten verringert zusätzlich die Bildung von Acrylamid.

Kartoffeln immer dunkel lagern. Am Licht werden sie grün. Die grünen Stellen sind giftig (Solanin) und müssen weggeschnitten werden.

Wenn Öl auf hohe Temperaturen erhitzt wird (Braten, Frittieren), sollten möglichst nur hoch erhitzbare Öle verwendet werden. Bei guten Ölen gibt die Produktetikette Auskunft über die Eignung oder die Maximaltemperatur. Im Zweifelsfall Olivenöl verwenden (außer bei Salicylat-Unverträglichkeit).

Für schlechte Tage

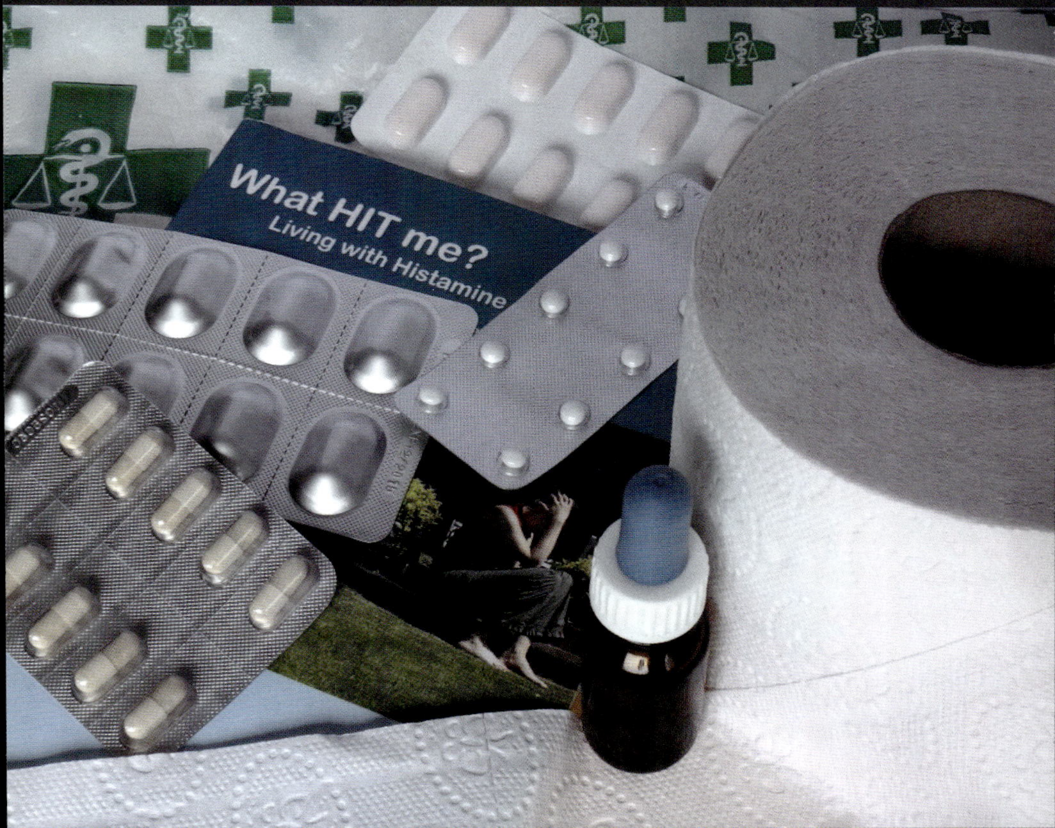

Dieses Kapitel bietet besonders gut verträgliche Rezepte...

1) für den Beginn der versuchsweisen diagnostischen Eliminationsdiät
2) um nach Rückschlägen wegen Diätfehlern schnell wieder den symptomfreien Zustand erreichen zu können

Die in diesem Kapitel aufgeführten Ernährungsweisen sind nicht für die Dauerernährung geeignet! Nur 2 bis 7 Tage lang durchführen (evtl. auf Anordnung einer Fachperson auch etwas länger). Während dieser Zeit müssten die Symptome spürbar zurückgehen oder ganz verschwinden, wenn nicht noch andere Erkrankungen mitspielen.

Reis-Diät

Rezept für 1 Portion Histaminose, glutenfrei, laktosefrei, salicylat- & fructosearm

4 dl	**Wasser**	zum Kochen bringen
etwas	**Salz ohne Jod- / Fluorzusatz**	beifügen
165 g = 2 dl	**Reis, weiß**	beifügen und unter gelegentlichem Umrühren kochen bis der Reis weichgekocht ist

Kochzeit gemäß Angaben auf der Packung, je nach Reissorte meist ca. 12-22 min

Wichtige Anmerkungen

Reis nach dem Kochen rasch konsumieren oder nach dem Erkalten sofort gut kühlen oder einfrieren. Im Kühlschrank nicht länger als 12 h aufbewahren.

Während der (auf wenige Tage beschränkten) Reisdiät soll rund um die Uhr nichts anderes konsumiert werden außer Reis mit Salz (ohne Jod / Fluor) und Wasser als Getränk, evtl. wenig weißer Kristallzucker. Keine Gewürze, Kräuter, Saucen, Süßigkeiten, Kaugummis oder sonstige Produkte / Zutaten / Zusatzstoffe. Das gilt auch für Zwischenmahlzeiten. Nahrungsergänzungsmittel und Medikamente sind zudem ebenfalls sehr oft unverträglich. Medikamente jedoch nur nach Rücksprache mit dem Arzt absetzen.

Für die Reisdiät sollten nur Körner der Reispflanze (*Oryza sativa*) verwendet werden. Diverse Getreidearten, die im Handel unter der Bezeichnung „Wildreis“ vermarktet werden, aber botanisch mit dem Reis nicht näher verwandt sind, sollten für die Reisdiät nicht verwendet werden. „Dinkelreis“ ist ebenfalls *kein* Reis.

Geschälten weißen Reis sollte man bei der Reis-Diät bevorzugen gegenüber parboiled- oder Vollkornreis. Basmatireis, Jasminreis und roter Reis sind bei Salicylat-Unverträglichkeit eher ungeeignet.

Kartoffel-Reis-Diät: Salzkartoffeln gewässert

Sobald unter der Reisdiät (siehe oben) die Symptome einigermaßen abgeklungen sind, kann die Ernährung um Salzkartoffeln erweitert werden (abwechselnd mit Reis oder beides zusammen):

Rezept für 1 Portion Histaminose, glutenfrei, laktosefrei, salicylat- & fructosearm

ca. 300 g	**Kartoffeln, gelagert, festkochende Sorte**	Kartoffeln großzügig schälen, waschen und in 1-2 cm kleine Stücke schneiden Mindestens 2 h in kaltem Wasser wässern
viel	**Wasser**	1-3-mal durch frisches Wasser ersetzen
etwas	**Salz ohne Jod- / Fluorzusatz**	In einem Kochtopf, der wenige cm hoch mit Wasser gefüllt ist, leicht gesalzenes Wasser zum Kochen bringen und darin die Kartoffeln zugedeckt bei schwacher Hitze sieden

Sobald sie sich widerstandslos durchstechen lassen, sind sie gar.
Abgießen und mit Salz bestreuen

Anmerkungen

Kartoffeln sind leicht salicylathaltig. Sie werden manchmal von Personen mit Salicylat-Unverträglichkeit nicht einwandfrei vertragen. Große reife Lagerkartoffeln enthalten weniger Salicylat als junge Kartoffeln aus neuer Ernte. Schälen und Wässern verringert den Salicylatgehalt auf ein normalerweise ausreichend verträgliches Maß.

Reis, leicht gesüßt

Rezept für 1 Portion Histaminose, gluten- & laktosefrei, salicylatarm, mit Fructose

1 Portion	**Reis**	wie auf S. 38 beschrieben zubereiten
1 EL	**Rapsöl**	Apfel schälen, fein raspeln und mit dem Rapsöl und Zucker unter den noch heißen Reis mischen
1 EL	**weißer Kristallzucker**	
½	**Apfel der Sorte Golden Delicious(!)**	Anstatt Zucker ist auch Glukose (=Traubenzucker) ohne Zusatzstoffe (Drogerie) möglich.

Geeignet als Frühstück oder für Zwischenmahlzeiten (Reste direkt aus dem Kühlschrank kalt essen). Golden Delicious ist eine salicylatarme Apfelsorte.

Putenbrust, Reis/Kartoffeln, Eisbergsalat/Kohl

Rezept für 1 Portion Histaminose, glutenfrei, laktosefrei, salicylatarm

etwas	**Eisbergsalat oder Weißkohl**	in Streifen schneiden (keine anderen Salatsorten)
1-2 EL	**Rapsöl**	Rapsöl darüber träufeln (kein Olivenöl)
1 Prise	**Salz ohne Jod- / Fluorzusatz**	Kurz vor dem Servieren mit Salz bestreuen (keine anderen Gewürze verwenden!) und gut mischen Roh als Salat konsumieren
1 Portion	**Reis oder Salzkartoffeln**	zubereiten wie auf S. 38 bzw. 39 beschrieben
1 EL	**Rapsöl**	Rapsöl in Bratpfanne erhitzen (kein Olivenöl)
1 Stück	**Hähnchen- oder Putenbrust**	Fleisch bei hoher bis mittlerer Hitze beidseitig je ca. 5 min braten
2 Prisen	**Salz ohne Jod- / Fluorzusatz**	Mit Salz bestreuen (keine anderen Gewürze verwenden)

Geeignet als Hauptmahlzeit.

Anmerkungen

Das Fleisch muss ganz frisch sein: Auf Datum achten, gekühlt nach Hause transportieren, im Kühlschrank im Nullgradbereich aufbewahren. Evtl. vor der Mahlzeit ein Diaminoxidase-Präparat einnehmen (1 Kapsel DAOsin®)

Putenbrust, Salzkartoffeln, Blumenkohl/Spargel

Rezept für 1 Portion Histaminose, glutenfrei, laktosefrei, salicylatarm

1 Portion	**Salzkartoffeln**	vorbereiten und wässern gemäß S. 39
ca. 200 g	**Blumenkohl, Broccoli oder Spargel, frisch**	Gemüse waschen und vorbereiten (Blumenkohl: in Röschen teilen; Spargel: im unteren Teil die zähe Haut entfernen und Enden wegschneiden)
etwas	**Wasser**	Kartoffeln und Gemüse in den Kochtopf füllen oder auf den Siebeinsatz legen
einige Prisen	**Salz ohne Jod- / Fluorzusatz**	Kochtopf ca. 1 cm hoch bzw. bis zum Siebeinsatz mit Wasser befüllen
1 EL	**Rapsöl**	Mit Salz bestreuen Zugedeckt ca. 10-20 min bei mittlerer bis kleiner Hitze im Dampf garen, bis die gewünschte Weichheit erreicht ist
1 Stück	**Hähnchen- oder Putenbrust**	Rapsöl in Bratpfanne erhitzen (kein Olivenöl) Fleisch bei hoher bis mittlerer Hitze beidseitig je ca. 5 min braten
etwas	**Salz ohne Jod- / Fluorzusatz**	Mit Salz bestreuen (keine anderen Gewürze verwenden)

Geeignet als Hauptmahlzeit

Material

Evtl. Siebeinsatz für Kochtopf

Anmerkungen

Das Fleisch muss ganz frisch sein: Auf Datum achten, gekühlt nach Hause transportieren, im Kühlschrank im Nullgradbereich aufbewahren. Evtl. vor der Mahlzeit ein Diaminoxidase-Präparat einnehmen (1 Kapsel DAOsin®)

Maroni, gekocht

→ siehe S. 199

Frühstück

Müslivariationen

Aus verschiedenen Cerealien und Früchten täglich neu zusammengestellte Müslimischungen (Schweizer Schreibweise: Müesli)

Eignung

Histaminose, (bei Laktose-Intoleranz nur laktosefreie Milchprodukte verwenden!)

Auswahl möglicher Zutaten

Milch: Kuh-, Ziegen-, Schafmilch als Pastmilch oder Haltbarmilch
Quark nature / Topfen
(evtl. wenig Joghurt)

Verträgliche Fruchtsäfte / Nektare (Verträglichkeitsliste S. 26ff. Ohne Konservierungs- und Farbstoffe, ohne Zitrusfrüchte etc.): Cranberry, Pfirsich, Aprikose, Sauerkirsche, (Trauben)

Hirseflocken (die vakuumiert eingeschweißten im Karton schmecken am besten)
Dinkelflocken
Haferflocken
evtl. Cornflakes (wenn ohne Folsäure und ohne Malz)
Rice Crispies (mit Malz nur bedingt verträglich)
Edelkastanienflocken oder Maronenpüree (nur wenn ohne unverträgl. Zusatzstoffe)
Hanfsamenmehl
Hanfsamenmehl-Proteinpulver
Macadamianüsse

Äpfel
Cranberries, getrocknet
Kirschen
Heidelbeeren
Brombeeren
Johannisbeeren, Cassisbeeren
Kaki: Persimone, Sharonfrucht
Melone
Aprikose (Dörraprikosen nur ungeschwefelt, ohne Konserv.stoffe)
Pfirsich
Nektarine
(Trauben)
(Mango)
Konfitüre oder Sirup aus verträglichen Früchten (ohne Farb- und Konservierungsstoffe, evtl. auch ohne Citronensäure)
Zucker
Ahornsirup
Agavendicksaft
Honig

Zubereitung

Zutaten nach Belieben mischen und kalt konsumieren

Variationen

Haferflocken evtl. zuerst in heißem Wasser oder Milch einweichen oder kochen

Frühstücksreis

Rezept für 2 Portionen Histaminose, glutenfrei, laktosefreie Variante möglich

4 dl	**Milch und / oder Wasser**	
1 Prise	**Salz ohne Jod / Fluor**	aufkochen
2 dl = 165 g	**Reis, klebende Sorte**	beifügen Ca. 16-20 min kochen bis der Reis weich ist
etwas	**Butter oder Rapsöl**	
evtl. wenige	**Macadamia-Nüsse, fein gehackt**	
1 Handvoll	**Dörrfrüchte (unkonserviert, ungeschwefelt) nach Belieben, fein geschnitten: Cranberries, Aprikosen, Datteln, (Rosinen)**	
evtl. 4 EL	**Hanfsamenmehl-Proteinpulver (im Reformhaus erhältlich)**	in der Bratpfanne
4 EL	**Honig oder Agavendicksaft**	leicht rösten
(wenig	**Zimt, evtl. wenig Kardamom)**	darüber streuen
Reis dazu geben, alles gut mischen, evtl. weitere 5 min braten		
1	**Apfel, in kleinen Stücken oder geraffelt**	zugeben, mischen

Warm oder kalt servieren

Material

Reiskocher oder Kochtopf, Bratpfanne

Variationen

Saisonal die Gewürze durch einige Pfefferminz- oder Zitronenmelisseblätter ersetzen

Hanfsamenmehl oder Hanfproteinpulver ist wegen seines hohen Ballaststoffanteils gut für die Darmtätigkeit und ist eine hochwertige Proteinquelle (Proteingehalt 25-50 %).

Hirsebrei mit frischem Obst

Rezept für 1 Portion Histaminose, laktosefreie Variante möglich

2 dl	**Wasser**	Wasser zum Kochen bringen
80 g = $1^3/_4$ dl	**Hirsekörner**	Hirse 10 min zugedeckt bei kleiner Hitze garen Auskühlen lassen
nach Belieben	**verträgliche Früchte, saisonal oder tiefgekühlt: z.B. Apfel, Melone, Nektarine, Pfirsich, Aprikose, (Trauben), Cranberries, Heidelbeeren, Cassis, Johannisbeeren**	waschen, vorbereiten Ggf. in mundgerechte Stücke schneiden Mit Hirse vermischen
evtl. wenig	**Zucker / Ahornsirup / Agavendicksaft**	beifügen
evtl. 1 dl	**Rahm / Sahne ohne Zusatzstoffe**	steif schlagen und darunter mischen

Anmerkungen

Bei Laktoseunverträglichkeit laktosefreies Milchprodukt verwenden

Butterbrot, Konfitürenbrot, Honigbrot

Rezept für 1 Portion Histaminose, (laktosearme & glutenfreie Varianten möglich)

2 Scheiben	**UrDinkel-Brot oder -Zopf, selbst gebacken**	siehe S. 165ff
etwas	**Butter oder Mascarpone**	
evtl. etwas	**Konfitüre aus verträglichen Früchten oder Bienenhonig**	auf die Brotscheiben streichen

Anmerkungen

Brot: Ausprobieren, was man verträgt. Besonders Weizen und zum Teil auch andere Getreide werden oft nicht besonders gut vertragen, müssen aber nicht unverträglich sein.

Hefe und Sauerteigkulturen können vermutlich je nach Herstellungsmethode und Sauberkeit ebenfalls die Verträglichkeit manchmal beeinträchtigen.

Margarine wäre grundsätzlich verträglich, enthält aber fast immer unverträgliche Zusatzstoffe. Zutatendeklaration beachten!

Konfitüre: Citronensäure wird von einem Teil der Betroffenen als unverträglich bezeichnet, von anderen gut vertragen.

Einige vertragen Honig nicht (oder nicht alle Sorten gleich gut).

"Schokodrink": Hanfproteinpulver statt Kakao

Rezept für 1 große Tasse Histaminose, glutenfrei, laktosefreie Variante möglich

ca. 4 EL	**Hanfsamenmehl-Proteinpulver**	ins leere Glas geben
1 EL	**Honig, flüssig / Ahornsirup**	mit dem Pulver gut vermischen
2 dl	**warme oder kalte Milch**	dazu gießen
(etwas	**Vanillinzucker)**	zugeben und gründlich umrühren

Anmerkungen

Mit etwas Vorstellungsvermögen ist das ein gesunder Schokodrink-Ersatz.

Allzu dickflüssigen Honig zuerst in ganz wenig warmem Wasser lösen

Bei Laktoseunverträglichkeit laktosefreie Milch verwenden

Hanfsamenmehl oder Hanfproteinpulver ist wegen seines hohen Ballaststoffanteils gut für die Darmtätigkeit und ist eine hochwertige Proteinquelle (Proteingehalt 25-50%).

Variationen

Heiße Milch verwenden und zusätzlich etwas weiße(!) Schokolade darin auflösen

Rösti

→ siehe S. 101. Histaminose, glutenfrei, laktosearm

Milchreis

→ siehe S. 195. Histaminose, glutenfrei, laktosefreie Variante möglich

Grießbrei aus Dinkel- / Hirsegrieß

→ siehe S. 196. Histaminose, laktosefreie Variante möglich

Maroni, gekocht

→ siehe S. 199. Histaminose, glutenfrei, laktosefrei

Béchamel Sauce (Grundrezept für weiße Saucen)

Rezept für 4 Pers. (5 dl) Histaminose, glutenfreie / laktosearme Variante

ca. 4 EL = 40 g	**Butter**	im Kochtopf bei mittlerer Hitze schmelzen
ca. 4 EL = 40 g	**UrDinkel-mehl**	bei schwacher Hitze unter ständigem Rühren mit dem Schneebesen 1-3 min mit der Butter vermischen Das Mehl soll keinesfalls bräunen, sondern je nach Verwendungszweck weiß bis hellblond bleiben oder allenfalls etwas goldbraun werden.
5 dl	**Vollmilch**	unter ständigem kräftigem Rühren langsam dazu gießen und aufkochen
2-3 Prisen	**Salz ohne Jod / Fluor**	
(ganz wenig	**Pfeffer)**	würzen
(ganz wenig	**Muskat-nuss)**	8 bis 15 min unter häufigem Umrühren bei schwacher Hitze köcheln lassen

Material

Schneebesen

Anmerkungen

Eine der beiden Komponenten (Mehlschwitze / Flüssigkeit) muss beim Zusammenrühren mit dem Schneebesen kalt sein, die andere warm.

Sollten nach Ende der Kochzeit noch störende Klümpchen vorhanden sein: durch ein Sieb passieren oder kurz mixen

Sehr vielseitig verwendbar: als Pastasauce, zu Gemüse (Blumenkohl), für Lasagne, Auflauf, Gratin, für Pastetenfüllung, als Grundlage für Suppen (mit nur je 30 g Mehl und Butter) sowie als Basis für diverse Saucen

Variationen

Laktosearm: Milch ersetzen durch laktosefreie Milch oder durch verträgliche oder selbstgemachte Gemüsebrühe (S. 62f). Butter evtl. durch Rapsöl / Albaöl® ersetzen

Glutenfrei: eine glutenfreie Stärke oder ein glutenfreies Mehl verwenden

Weiße Schinkensauce

Variante der Béchamelsauce: In einer separaten Pfanne fein gehackte weiße Zwiebeln und evtl. einige klein geschnittene Scheiben verträglichen Kochschinken (ohne Hefeextrakt, Glutamat, Würze, E407) in Butter andünsten. UrDinkelmehl beifügen und mitdünsten. Mit einem Schuss histaminfreiem Weißwein / Sekt / Frizzante ablöschen und danach entsprechend weniger Milch dazu rühren

Safransauce

Wenige Safranfäden in die fertige Béchamelsauce (S. 50) geben

Tipp: optimale Zubereitung von Safran

So kann man dem teuren Safran das Maximum an Aroma und Farbe entlocken:

1) Safranfäden bis zum Gebrauch vor Licht geschützt in einem kleinen aromadichten Döschen aufbewahren. Nicht zu lange lagern
2) Die benötigte Menge Safranfäden einige Minuten auf ca. 45 °C erwärmen, indem man sie z.B. auf einen warmen Topfdeckel legt
3) Anschließend im Mörser zerreiben oder in einem Schälchen mit dem Löffel zerdrücken
4) In sehr wenig Wasser oder sonstiger Flüssigkeit zugedeckt während einiger Minuten bis Stunden einweichen (bei Zimmertemperatur oder bis maximal 45 °C)
5) Erst am Schluss in die fertige, auf ca. 45 °C abgekühlte Speise mischen

Kräutersauce

Nach Belieben fein gehackte Kräuter in die Béchamelsauce (S. 50) rühren (z.B. Thymian / Basilikum & Oregano / Salbei / (Schnittlauch) / Petersilie)

Evtl. einen Teil der Milch durch Rahm / Sahne ohne Zusatzstoffe ersetzen

Paprika-Rahmsauce

Rezept für 4 Pers. (4 dl) Histaminose, glutenfreie / laktosearme Variante möglich

2 dl	**Vollmilch oder Rahm / Sahne ohne Zusatzstoffe**	in einem kleinen Kochtopf aufkochen
2 dl	**Vollmilch oder Rahm / Sahne ohne Zusatzstoffe**	Währenddessen Stärke und Gewürze mit der kalten Flüssigkeit vermischen Unter kräftigem Rühren mit dem Schneebesen in die kochende Flüssigkeit gießen Unter beständigem Rühren aufkochen Bei kleiner Hitze unter häufigem Umrühren noch ca. 5 min köcheln lassen
2 EL	**Stärke**	
2 EL	**Paprikapulver, mild**	
2 TL	**Salz ohne Jod / Fluor**	

Material

Schneebesen

Süß-saure gelbe Curcuma-Sauce

Rezept für 4 Personen (ca. 6 dl) Histaminose, glutenfrei, laktosefrei

5 dl	**Béchamel-Sauce S. 50**	zubereiten
4 EL	**Alkoholessig 4,5 %**	einrühren Abschmecken
3 EL	**Zucker**	
1 EL	**Curcuma-Pulver**	
(evtl. 1 TL	**Ingwer-Pulver)**	
(etwas	**Pfeffer, fein gemahlen)**	
(wenig	**Knoblauchpulver)**	
evtl. 1 TL	**Schwarzkümmelsamen**	

Sauce Hollandaise

Rezept für 4 Portionen (ca. 2 dl) Histaminose, glutenfrei

3 EL = 30 g	**Butter**	in einem Kochtopf erwärmen, bis sie flüssig wird Beiseite stellen
1	**Eigelb**	
(evtl. 1 Prise	**Ascorbinsäure)**	mit dem Schneebesen sämig schlagen
150 g	**Rahm / Sahne ohne Zusatzstoffe (oder Sauermilch oder Crème fraîche)**	unter das Eigelb ziehen In einem zweiten Kochtopf langsam unter ständigem Rühren erwärmen, aber nicht kochen Sobald die Sauce gebunden ist, die flüssige Butter nach und nach darunter rühren
etwas	**Salz ohne Jod / Fluor**	
(wenig	**Pfeffer, Muskatnuss)**	abschmecken

Material

Schneebesen

Passend zu

Spargel (S. 113) mit Pell- oder Salzkartoffeln (S. 100, S. 102)

Variationen

Frisch gehackte Kräuter zugeben, zum Beispiel Estragon und wenig Petersilie (oder Schnittlauch)

Sauce Béarnaise

Rezept für ca. 4 Portionen Histaminose, glutenfrei, laktosearm

½	**weiße Zwiebel**	sehr fein würfeln
4 EL	**Estragon, frisch**	Kräuter fein hacken Die Hälfte der Kräuter mit der Zwiebel, Wein, Essig und Pfeffer auf die Hälfte einkochen Durch ein Sieb in eine Schüssel drücken Etwas abkühlen lassen
2 EL	**Petersilie, frisch**	
1 dl	**histaminfreier Weißwein / Sekt / Frizzante**	
3 EL	**Alkoholessig 4,5 %**	
(1 Msp.	**Pfeffer)**	
3	**Eigelb**	dazu geben und über einem heißen Wasserbad mit dem Mixer oder Schneebesen schaumig rühren
150 g	**Butter, geklärt***	unter stetigem kräftigem Umrühren langsam aber kontinuierlich dazu gießen
etwas	**Salz ohne Jod / Fluor**	abschmecken Die restlichen gehackten Kräuter dazu geben
(evtl. 1 Msp.	**Ascorbinsäure)**	

*) Geklärte Butter kurz vorher vorbereiten: Butter schmelzen (z.B. im Kochtopf, oder in einem hohen Trinkglas einige Sekunden in die Mikrowelle). Die weiße flockige Trübung auf den Boden absetzen lassen und nur die klare gelbliche Flüssigkeit verwenden

Material

Schneebesen oder Mixer, Sieb, Wasserbad (Schüssel oder Kochtopf mit heißem Wasser)

Gemüse-Frischkäse-Pastasauce

Rezept für ca. 4 Portionen Histaminose, glutenfrei

½	**weiße Zwiebel**	
ca. ½ kleine	**Zucchini**	
ca. 2	**Paprika**	vorbereiten
ca. 3	**Karotten**	Zerkleinern
2 EL	**Bratbutter / Rapsöl**	Gemüse im Öl / Fett dünsten
evtl. 1 Schuss	**histaminfreier Weißwein / Sekt / Frizzante / Apfelsaft**	ablöschen
ca. 50-100 g	**streichfähiger Frischkäse ohne unverträgliche Zusatzstoffe**	beifügen Zergehen lassen
Evtl. mit dem Mixer grob zerkleinern oder fein pürieren		
evtl. 150 g	**Panir S. 201**	zerbröselt beifügen
nach Belieben	**Küchenkräuter, frisch oder getrocknet**	
etwas	**Salz ohne Jod / Fluor**	würzen
(evtl. wenig	**Pfeffer)**	Abschmecken

Material

Evtl. Mixer

Ajvar, mild (Eingemachtes Paprikapüree)

Rezept für ca. 1 Liter Histaminose, glutenfrei, laktosefrei

ca. 1 kg	**rote Spitzpaprika**	gut waschen, der Länge nach halbieren, entkernen

Mit der Haut nach oben auf ein mit Backpapier belegtes Backblech legen

Im auf 200 °C vorgeheizten Ofen etwas oberhalb der Ofenmitte backen, bis sich große Blasen unter der stellenweise leicht gebräunten Haut bilden (ca. 20 min)

Aus dem Ofen nehmen und mit einem nassen Küchentuch zugedeckt etwas abkühlen lassen. Ofentemperatur auf 120° einstellen

Paprika enthäuten; die Haut lässt sich nun mühelos abziehen

ca. 500 g	**Karotten / Kürbis**	Karotten schälen und raspeln oder Scheibchen hobeln, Kürbis schälen und würfeln
1	**weiße Zwiebel**	schälen, grob hacken
(evtl. 2	**Knoblauchzehen)**	In einer großen Pfanne mit $^{1}/_{3}$ des Olivenöls andünsten
(evtl. ¼ kleine	**Chilischote)**	Karotte und Kürbis zugeben und weiter dünsten bis das Gemüse weich ist
ca. 1-2 dl	**Olivenöl**	Paprika beifügen, mit dem Mixer pürieren

Währenddessen leere Einmach- oder Konfitürengläser und Deckel gründlich waschen, spülen

Die leeren Gläser und Deckel in den noch heißen Backofen stellen, der jetzt ausgeschaltet werden kann

1½ TL	**Salz ohne Jod / Fluor**	Ajvar mit Salz, Gewürzen und Alkoholessig abschmecken
(evtl. etwas	**Pfeffer)**	Noch etwas Olivenöl zugeben, mixen
4 EL	**Alkoholessig 4,5 %**	Weitere 30-60 min auf niedriger Stufe zugedeckt kochen und gelegentlich umrühren

Heiß in die sterilisierten Gläser füllen, mit 1 cm Olivenöl überschichten und Deckel gut zuschrauben (Gläser mit Topflappen anfassen). Die Deckel sollten zu diesem Zeitpunkt nicht zu heiß sein, sonst passen sie nicht präzise genug auf die Gläser, um diese dicht abschließen zu können.

Kopfüber (Deckel nach unten) abkühlen lassen

Wenn sich ein Unterdruck bildet (Deckel nach unten gewölbt), dann ist das Ajvar ungeöffnet ca. 3 Monate haltbar. Falls nicht: Im Kühlschrank aufbewahren und innert zwei Wochen konsumieren

Sehr vielseitig verwendbar: für Pasta, Lasagne, Brotaufstrich, Suppen, Dips, Füllungen, ...

Kürbispesto

Rezept für ca. 4 Portionen Histaminose, glutenfrei, laktosefrei

40 g	**Kürbiskerne**	in einer Bratpfanne rösten ohne Fett Beiseite stellen
250 g	**Kürbis**	vorbereiten, in kleine Würfel schneiden
etwas	**Rapsöl**	Mit Öl ca. 5-8 min in der Bratpfanne andünsten
½ dl	**Rapsöl**	
½ dl	**Kürbiskernöl**	
(wenig	**Knoblauch-pulver)**	zusammen mit dem etwas abgekühlten Kürbis
(wenig	**Pfeffer)**	und den Kürbiskernen im Mixer pürieren
1 TL	**Salz ohne Jod / Fluor**	Würzen Abschmecken
evtl. einige EL	**Kokosraspel**	beifügen zum Verdicken

Kann z.B. als Brotaufstrich oder als Pastasauce verwendet werden

Material

Mixer

Dip-Saucen: Grundrezept

Als Basis für eine Dip-Sauce eignen sich folgende Zutaten:

- Quark: Mager-/Halbfett- oder Rahmquark
- Streichfähiger Frischkäse, besonders würzig: Ziegenfrischkäse

Nur in kleinen Mengen verträglich sind:

- (Naturejoghurt; griechischer Joghurt ist besonders sämig)
- (Crème fraîche)
- (Sauerrahm)

Flüssigkeiten, um eine sämige Konsistenz zu erzielen, falls die Grundmasse zu trocken ist

- Rapsöl, Olivenöl
- Rahm / Sahne ohne Zusatzstoffe
- Milch, Wasser, Apfelsaft

Aromatisieren

- Nach Belieben verträgliche Zutaten dazu geben, siehe nachfolgende Dip-Rezepte
- Abschmecken mit Salz ohne Jod / Fluor oder mit verträglicher Gemüsebouillon (S. 62f), (evtl. wenig Pfeffer)
- Evtl. ansäuern mit Alkoholessig, Verjus oder Ascorbinsäure

Anmerkungen

Im Kühlschrank noch eine Weile ziehen lassen

Vor dem Servieren nochmals kurz verrühren

Dazu passen

Pellkartoffeln (S. 100), Gemüsesticks zum Dippen (S. 163), Folienkartoffeln (S. 156), Grillgemüse (S. 157), Fondue Chinoise (=Brühfondue) oder Fondue Bourguignonne (=Fettfondue)

Kräuter-Dip

Histaminose, glutenfrei

Frische oder getrocknete Kräuter unter die Grundmasse ziehen (siehe Grundrezept S. 58) Geeignet sind z.B.: Petersilie, Thymian, Basilikum, Rosmarin (besonders fein schneiden, da etwas holzig), Kresse, Estragon, Oregano, Majoran, ...

Mindestens 1 h in den Kühlschrank stellen, damit sich das Aroma entfalten kann

Schnittlauch-Dip

Histaminose, glutenfrei

Schnittlauch klein schneiden und unter die Grundmasse ziehen (S. 58)

(Evtl. zusätzlich ganz wenig Knoblauchpulver verwenden, sofern verträglich)

Mit Schnittlauch garnieren

Schnittlauch ist in zu großen Mengen unverträglich.

Curcuma-Dip

Histaminose, glutenfrei

Unter die Grundmasse (S. 58) mischen:

1 TL Curcumapulver

1 EL Zucker

Mit Alkoholessig abschmecken. Evtl. mit Paprikapulver den Farbton variieren

(Evtl. wenig Knoblauchpulver und Ingwerpulver je nach Verträglichkeit zugeben)

Minzen-Dip

Histaminose, glutenfrei

Pfefferminzblätter, Zitronenmelissenblätter und etwas frischen Zitronenthymian sowie ganz wenig Lavendelblättchen oder -blüten fein schneiden und unter die Grundmasse (S. 58) mischen

Mit wenig Honig / Zucker / Pfefferminzsirup / Goldmelissensirup (ohne unverträgliche Zutaten) eine leicht süßliche Note geben

Mit Pfefferminzblättern garnieren

Paprika-Dip

Rezept für 4 Portionen Histaminose, glutenfrei

½	**rote Spitzpaprika**	in möglichst kleine Würfelchen schneiden
wenig	**weiße Zwiebel**	
2 EL	**Rapsöl**	In einer Bratpfanne mit etwas Honig im heißen Öl anbräunen
1 EL	**Flüssighonig / Agavendicksaft**	
1 kleiner Schuss	**histaminfreier Weißwein**	ablöschen, etwas einkochen lassen Abkühlen lassen
ca. 100 g	**Quark**	vermischen
ca. 100 g	**streichfähiger Frischkäse ohne Zusatzstoffe**	
evtl. wenig	**Milch**	nach und nach zugeben, sämig rühren
1-4 EL	**Paprikapulver, mild**	zugeben, gut vermischen
evtl. 1 TL	**Alkoholessig 4,5 %**	abschmecken
etwas	**Salz ohne Jod / Fluor**	

Gebratene Paprika dazu geben, gründlich vermischen

Mindestens 1 h in den Kühlschrank stellen, damit sich das Aroma entfalten kann

Gelegentlich umrühren

Paprika-Dip, einfach

Rezept für 4 Portionen Histaminose, glutenfrei

ca. 150 g	**Quark**	in ein Schälchen geben
1-4 EL	**Paprikapulver, mild**	zugeben
etwas	**Salz ohne Jod / Fluor**	zugeben Gut vermischen Abschmecken
(evtl. wenig	**Pfeffer)**	
evtl. etwas	**Zucker**	
evtl. 1 TL	**Alkoholessig 4,5 %**	
evtl. wenig	**rote Spitzpaprika**	in möglichst kleinen Würfelchen zugeben

Mindestens 1 h in den Kühlschrank stellen. Gelegentlich umrühren

Zaziki-Dip, Tsatsiki-Dip

Rezept für 4 Portionen Histaminose, glutenfrei

ca. 150 g	**Quark**	in ein Schälchen geben
ca. 100 g	**Salatgurke**	schälen und möglichst fein würfeln oder grob raffeln Abtropfen lassen oder auspressen
¼	**weiße Zwiebel**	sehr fein hacken
(wenig	**Knoblauchpulver)**	zugeben
etwas	**Petersilie**	fein hacken, zugeben
evtl. wenig	**Rapsöl / Olivenöl**	nach und nach zugeben, sämig rühren
etwas	**Salz ohne Jod / Fluor**	
nach Belieben	**Kräuter der Provence**	
(evtl. wenig	**Pfeffer)**	zugeben
evtl. wenig	**Zucker**	Gut vermischen
ca. 1 EL	**Alkoholessig 4,5 %**	Abschmecken

1 h in den Kühlschrank stellen, damit sich das Aroma entfalten kann

Gelegentlich umrühren

Mit etwas frischer Petersilie garnieren

Gemüsebrühe, kinderleicht selbst gemacht

Rezept für ca. 4-9 dl Histaminose, glutenfrei, laktosefrei

Bei den folgenden Arbeiten gut auf die Hygiene achten

ca. 300-700 g	**Suppengemüse und -kräuter nach Belieben: Petersilie, Pastinaken, Karotten, Sellerie, Spitzpaprika, weiße Zwiebel, (evtl. je nach Verträglichkeit wenig Lauch, Knoblauch)**	gut waschen, vorbereiten Entweder mit dem Messer möglichst klein hacken oder in einem Mixer einen kurzen Augenblick hacken, so dass es stark zerkleinert, aber nicht zu Brei wird (siehe Bild)
15 %	**Salz ohne Jod / Fluor, entspricht rund 17 g Salz pro 100 g Gemüse**	Salz genau abwiegen (Gewicht des Gemüses geteilt durch sechs = Salzmenge)
ca. 2 EL	**Alkoholessig mit 9% Säuregehalt, oder 4 EL mit 4,5 %**	Salz und Essig zugeben Mischen

Gläser und Deckel sterilisieren oder zumindest heiß ausspülen

Gemüsebrühe roh in die leeren Gläser füllen

reichlich	**Rapsöl oder Olivenöl**	2 cm hoch mit Öl überschichten

Deckel verschließen und im Kühlschrank im Nullgradbereich aufbewahren

Material

Einmachgläser / Konfitürengläser, Standmixer von Vorteil

Anmerkungen

Diese vegetarische Bouillon verleiht vielen Gerichten die richtige Würze. Im Kühlschrank bis 6 Monate haltbar

Petersilie als Hauptbestandteil verwenden, sonst wird die Bouillon zu wenig kräftig

Das Salz und die Säure des Essigs sorgen nicht nur für einen kräftigeren Geschmack, sondern dienen auch der Konservierung. Das Salz bitte genau abwiegen!

Durch Überschichten mit Öl wird das Ganze luftdicht abgeschlossen, was ebenfalls vor dem Verderb schützt.

Gemüsebouillon-Pulver

Rezept für ca. 1 Konfitürenglas Histaminose, glutenfrei, laktosefrei

700 g	**Suppengemüse und -kräuter nach Belieben: Pastinaken, Karotten, Petersilie, Sellerie, Spitzpaprika, weiße Zwiebel, (evtl. je nach Verträglichkeit wenig Lauch, Knoblauch, Liebstöckel = Maggikraut)**	im Mixer oder von Hand sehr fein hacken, aber nicht zu Brei pürieren Auf zwei mit Backpapier belegten Blechen verteilen Je kleiner die Stücke sind, umso rascher sind sie trocken.

Trocknen: ca. 2-3 Stunden unter- und oberhalb der Mitte des auf ca. 100 °C vorgeheizten Ofens, ohne Umluftfunktion. Dabei die Ofentüre mit einem Kellenstiel einen Spalt breit offen halten.

Gemüse alle 30-40 Minuten wenden. Nach der Hälfte der Trocknungszeit Bleche in der Höhe austauschen

Danach auskühlen lassen

120 g	**Salz ohne Jod / Fluor, entspricht rund 17 g Salz pro 100 g Gemüse**	mit dem getrockneten Gemüse vermischen und portionenweise im Mixer sehr fein hacken

In ein Glas füllen und gut verschließen

Haltbarkeit: trocken und dunkel aufbewahrt mindestens sechs Monate haltbar

Material

Backofen, Backbleche, Backpapier, Mixer

1) Standmixer

2) Fein gehacktes Gemüse

3) Trocknen im Backofen

4) Getrocknetes Gemüse

5) Im Mixer mit dem Salz fein hacken

6) Fertiges Gemüsebouillonpulver

Bratensauce, Fleischbouillon

Rezept (zum Einfrieren auf Vorrat) Histaminose, glutenfrei, laktosearm

4-6 EL	**Olivenöl**	Gemüse in grobe Stücke schneiden Öl erhitzen und darin das Gemüse mit dem Fleisch in einer großen Bratpfanne bei großer Hitze braten Immer wieder wenden bis die Stücke ausgeprägte braune Röstspuren haben
ca. 200 g	**billige Frischfleischabschnitte vom Rind / Schwein aus der Metzgerei: sehniges / fettes „Abfallfleisch“, Kalbsschwanz o.ä.**	
1-4	**Kalbsknochen / Markbeine = Knochenstücke mit Mark**	
1	**weiße Zwiebel**	
2-4	**Karotten**	
etwas	**Pastinaken / Sellerie / Stangensellerie**	
1 Handvoll	**Petersilie, frisch, gehackt**	
ca. 1 dl	**histaminfreier Rotwein**	ablöschen, auf ½ einkochen
ca. 6 dl	**Wasser**	dazu geben 1 h einkochen lassen, bis das meiste Wasser verdampft ist
2-6 Zweige	**Thymian**	
evtl. wenig	**Wacholder, Kümmelsamen, Nelke, Pfeffer, Lorbeer**	
evtl. 1 EL	**Paprikapulver, mild**	

Knochen entnehmen, ausgeschabtes Knochenmark zurück in die Pfanne geben
Brühe durch ein Passiersieb in einen Kochtopf gießen; dabei die weichgekochten Gemüseteile mit einer Suppenkelle durch das Sieb drücken
Den Rest anderweitig verwenden (Suppe?) oder wegwerfen

etwas	**Salz ohne Jod / Fluor**	in die Sauce geben
40 g = 4 EL	**Butter**	Mit Mixer schaumig rühren

Auch zum Einfrieren geeignet (in einem Einweg-Eiswürfelbeutel portionieren)

Material

Große Bratpfanne, großes feinmaschiges Sieb (Passiersieb)

Anmerkungen

Nicht zu heiß braten, nichts anbrennen lassen, sonst entstehen Bitterstoffe anstatt Röstaromen

Zu dünnflüssige Sauce kann mit ½ TL Stärke gebunden werden (in kalter Flüssigkeit lösen, beifügen, unter Umrühren aufkochen, einige Minuten ziehen lassen).

Suppen

Gemüsesuppe mit Quarkklößchen

Rezept für 4 Portionen Histaminose, (gluten- und laktosefreie Variante möglich)

Zutaten für die Suppe:

viel	**Gemüse nach Belieben: z.B. Karotten, Pastinaken, Chinakohl, Broccoli, Zucchini, weiße Zwiebel, Spitzkohl, wenig Sellerie**	Gemüse waschen, zerkleinern, in die kochende Bouillon geben Ca. 15-30 min zugedeckt bei schwacher Hitze kochen
etwas	**verträgliche Gemüsebouillon S. 62f oder Salz ohne Jod / Fluor**	
ca. 8 dl	**Wasser**	

Zutaten für die Klößchen:

250 g	**Magerquark**	Zutaten für die Klößchen gut zu einem Teig vermengen Mit zwei Esslöffeln Bällchen abstechen und in der fast fertigen Suppe für 10 min ziehen lassen
50 g	**UrDinkelmehl oder Reismehl oder Stärke**	
2	**Eigelb**	
einige Zweige	**Basilikum**	
etwas	**Salz ohne Jod / Fluor**	
etwas	**Paprikapulver, mild**	
(evtl. wenig	**Pfeffer, fein gemahlen)**	

Anmerkungen

Verträgliche Bouillon wählen! Geschmacksverstärker (Glutamate), Würze, Hefeextrakt, Fleischextrakte, jodiertes oder fluoridiertes Salz sowie unverträgliche Gewürze und Gemüse sollten nicht enthalten sein.

Scharfe Gewürze zurückhaltend verwenden, da nicht gut verträglich

Reismehl oder Stärke kleben weniger gut als Dinkelmehl und sollten hier nur verwendet werden, wenn wegen Gluten-Allergie / Zöliakie / Sprue auf Dinkel verzichtet werden muss.

Bei Laktose-Unverträglichkeit laktosefreien Quark verwenden

Variationen

Gemüse zuerst mit 1 EL heißem Rapsöl andünsten, dann mit Bouillon ablöschen.

Zucchinisuppe

Rezept für 4 Portionen Histaminose, glutenfrei, laktosefreie Variante möglich

etwas	**Butter oder Rapsöl / Olivenöl**	im Kochtopf erhitzen
½ kleine	**weiße Zwiebel, gehackt**	im Öl andünsten, bis die Zwiebelstücke leicht glasig sind (ggf. Grieß mitdünsten, siehe unten)
(evtl. wenig	**Knoblauch, frisch oder Pulver)**	
5 dl	**Wasser**	zum Ablöschen zugeben und zum Kochen bringen
evtl. etwas	**Kartoffelpüreepulver (ohne Konservierungsstoff) oder Hirse- / Dinkel- / Maisgrieß**	unter Umrühren dazu geben zum Andicken
ca. 500 g	**Zucchini, zerkleinert / gehobelt**	zugeben Zugedeckt ca. 10 min unter gelegentlichem Rühren köcheln lassen
4 EL	**verträgliche Gemüsebouillon S. 62f (ohne Glutamat / Hefeextrakt)**	
etwas	**Salz ohne Jod / Fluor**	
nach Belieben	**frische Petersilie, gehackt**	

Mit dem Mixer pürieren

Evtl. mit wenig Wasser verdünnen

einzelne	**Petersilienblätter**	als Garnitur
nach Belieben	**Sahne / Rahm ohne Zusatzstoffe**	zum Verfeinern/Garnieren

In Teller abfüllen und mit Petersilienblättern und etwas Rahm garniert servieren

Material

Mixer mit Pürieraufsatz

Broccolicremesuppe

Rezept für 4 Portionen Histaminose, glutenfrei, laktosefreie Variante möglich

etwas	**Butter oder Rapsöl / Olivenöl**	im Kochtopf erhitzen
¼ kleine	**weiße Zwiebel, gehackt**	
(evtl. wenig	**Knoblauch, frisch oder Pulver)**	im Öl glasig dünsten
5 dl	**Wasser**	zum Ablöschen zugeben Zum Kochen bringen
ca. 500 g	**Broccoli, zerkleinert**	
4 EL	**verträgliche Gemüsebouillon S. 62f (ohne Glutamat / Hefeextrakt)**	zugeben Zugedeckt ca. 10 min unter gelegentlichem Rühren köcheln lassen
etwas	**Salz ohne Jod / Fluor**	
nach Belieben	**frische Petersilie, gehackt**	

Mit dem Mixer pürieren

Evtl. mit wenig Wasser verdünnen

Mit Salz abschmecken

einzelne	**Petersilienblätter**	als Garnitur
nach Belieben	**Sahne / Rahm ohne Zusatzstoffe**	zum Verfeinern/Garnieren
(evtl. 2 EL	**Mandelscheibchen)**	in Bratpfanne kurz rösten zum Verfeinern/Garnieren

In Teller abfüllen

Mit Petersilienblättern und etwas Rahm garniert warm servieren

Material

Mixer mit Pürieraufsatz

Variationen

Mit 1 dl histaminfreiem Weißwein ablöschen, dann noch 4 dl Wasser dazu geben

Bei Laktoseunverträglichkeit den Rahm weglassen und stattdessen evtl. etwas mehr Öl zugeben oder durch laktosefreie Milch / Rahm ersetzen

Karottensuppe

Rezept für 4 Portionen Histaminose, glutenfrei, (laktosefreie Variante möglich)

350 g	**Karotten**	schälen und klein schneiden
1 kleine	**weiße Zwiebel**	grob hacken
2 EL	**Olivenöl oder hoch erhitzbares Rapsöl**	in einem Kochtopf erhitzen und darin die Zwiebel und die Karotten andünsten
evtl. 1 EL	**Zucker**	beifügen und leicht karamellisieren lassen
4 dl	**Wasser**	Gemüse ablöschen
2 EL	**verträgliche Gemüsebouillon S. 62f (ohne Glutamat / Hefeextrakt)**	beifügen
Suppe aufkochen, bei schwacher Hitze köcheln lassen, bis die Karotten weich sind Pürieren und nochmals kurz aufkochen		
1 dl	**Rahm / Sahne ohne Zusatzstoffe**	zugeben
etwas	**Salz ohne Jod / Fluor**	abschmecken, würzen
1-2 dl	**Vollrahm / Sahne ohne Zusatzstoffe**	kühlschrankkalt in einem hohen, schmalen Gefäß schlagen, Suppe in Tellern, Schalen oder Tassen anrichten und mit einem Sahnehäubchen und einem Petersilienblatt garnieren
evtl. einige	**Petersilienblätter**	

Material

Mixer mit Pürieraufsatz, sowie Rühraufsatz (oder Schneebesen)

Variationen

Mit 1 dl histaminfreiem Weißwein ablöschen, dann noch 3 dl Wasser dazu geben

Bei Laktoseunverträglichkeit Rahm weglassen und stattdessen evtl. etwas mehr Öl zugeben oder durch laktosefreie Milch / Rahm ersetzen

Mit Safran verfeinern

(Evtl. mit wenig frischem oder kandiertem Ingwer würzen, sofern verträglich)

Anmerkungen

Verträgliche Bouillon wählen! Geschmacksverstärker (Glutamate), Würze, Hefeextrakt, Fleischextrakte, jodiertes Salz sowie unverträgliche Gewürze und Gemüse sollten nicht enthalten sein. Bouillon nach Herstellerangaben oder nach Belieben dosieren

Kürbissuppe

Rezept für 4 Portionen Histaminose, glutenfrei, laktosefreie Variante möglich

etwas	**Butter oder Rapsöl / Olivenöl**	im Kochtopf erhitzen
¼ kleine	**weiße Zwiebel, gehackt**	
(evtl. wenig	**Knoblauch, frisch oder Pulver)**	im Öl glasig dünsten
5 dl	**Wasser**	zum Ablöschen zugeben und zum Kochen bringen
ca. 500 g	**Kürbis, zerkleinert**	
evtl. 1	**Kartoffel, mehligkochend, zerkleinert oder etwas Kartoffelpüreepulver ohne Konservierungsstoffe**	
4 EL	**verträgliche Gemüsebouillon S. 62f (ohne Glutamat / Hefeextrakt)**	die weiteren Zutaten ins Wasser geben
etwas	**Salz ohne Jod / Fluor**	Zugedeckt ca. 10 min unter gelegentlichem Rühren köcheln lassen
evtl. wenig	**Stangensellerie, zerkleinert**	
nach Belieben	**frische Petersilie, gehackt**	

Mit dem Mixer pürieren

Evtl. mit wenig Wasser verdünnen

einzelne	**Petersilienblätter**	als Garnitur
nach Belieben	**Rahm / Sahne ohne Zusatzstoffe**	zum Verfeinern / Garnieren

In Teller abfüllen und mit Petersilienblättern und etwas Rahm garniert servieren

Material

Mixer mit Pürieraufsatz

Variationen

Mit 1 dl histaminfreiem Weißwein ablöschen, dann noch 4 dl Wasser dazu geben

Wasser / Rahm nach Belieben durch Kokosmilch ohne unverträgliche Zusatzstoffe ersetzen (und je nach Verträglichkeit evtl. mit ganz wenig Ingwer verfeinern)

Bei Laktoseunverträglichkeit Rahm weglassen und stattdessen evtl. etwas mehr Öl zugeben oder durch laktosefreie Milch / Rahm ersetzen

Rote-Bete-Suppe, Randensuppe

Rezept für 4 Portionen Histaminose, glutenfrei, laktosefreie Variante möglich

1-2 EL = 10-20 g	**Butter oder Rapsöl / Olivenöl**	im Kochtopf erhitzen
1	**weiße Zwiebel, gehackt**	im Öl glasig dünsten
(evtl. wenig	**Knoblauch, frisch oder Pulver)**	
ca. 400 g	**Rote Bete, roh**	Rote Bete zerkleinern 1-2 min mitdünsten
1 TL	**Kümmel**	
4 dl	**Wasser**	Ablöschen Zum Kochen bringen
(evtl. 2 dl	**Kokosmilch ohne unverträgliche Zusatzstoffe)**	
2 EL	**verträgliche Gemüsebouillon S. 62f (ohne Glutamat / Hefeextrakt)**	Würzen Zugedeckt bei kleiner Hitze ca. 30 min köcheln lassen
etwas	**Salz ohne Jod / Fluor**	
wenig	**Zucker**	
(wenig	**Ingwer)**	
(wenig	**Koriander)**	
(evtl. wenig	**Pfeffer)**	
evtl. wenig	**Pfefferminzblätter**	

Mit dem Mixer pürieren

Evtl. mit wenig Wasser verdünnen

Material

Mixer mit Pürieraufsatz

Gazpacho

Eine kalte Suppe aus rohem Gemüse, ideal für heiße Sommertage

Rezept für 4 Portionen Histaminose, (laktosefreie Variante möglich)

1	**Salatgurke**	schälen und würfeln
1-2	**rote Paprika**	entkernen und würfeln
¼ kleine	**weiße Zwiebel**	hacken
(evtl. wenig	**Knoblauchpulver)**	beifügen
ca. 50 g	**verträgliches altes Brot S. 165ff**	würfeln und in wenig Wasser einweichen
evtl. 1	**Eidotter von einem hart gekochten Ei**	Alle Zutaten mit dem Mixer pürieren
2-3 EL	**Olivenöl oder Rapsöl**	
1-2 dl	**kaltes Wasser**	nach Belieben verdünnen
1 EL	**verträgliche Gemüsebouillon S. 62f**	abschmecken, würzen
etwas	**Salz ohne Jod / Fluor**	
(evtl. wenig	**fein gemahlener Pfeffer)**	
evtl. einige	**Basilikumblätter, frisch gepflückt**	zum Garnieren

Vor dem Genießen gut aufrühren, evtl. mit Trinkhalm servieren

Material

Mixer mit Pürieraufsatz

Anmerkungen

Verträgliche Brotsorte wählen (am besten selbst gebacken)

Verträgliche Bouillon wählen. Geschmacksverstärker (Glutamate), Würze, Hefeextrakt, Fleischextrakte, jodiertes Salz sowie unverträgliche Gewürze und Gemüse sollten nicht enthalten sein. Bouillon nach Herstellerangaben oder nach Belieben dosieren

Variationen

Als Garnitur mit fein gehacktem Gemüse bestreuen

Mit etwas Alkoholessig abschmecken

Grüne statt rote Paprika verwenden

Evtl. Rahm / Sahne / streichfähigen Frischkäse ohne Zusatzstoffe beifügen

Salate, Salatsaucen

Salatdressing: Auswahl möglicher Zutaten

Tipp: Je nach Saison, Lust und Laune immer wieder andere Kombinationen ausprobieren, damit der Salat nicht immer gleich schmeckt

Säuren

Am besten eignet sich:

Alkoholessig = Branntweinessig = Weingeistessig = Essigessenz = distilled vinegar (In vielen Supermärkten erhältlich. Säuregehalt beachten und wenn nötig verdünnen! Normaler Essig hat rund 4,5 % Säure. Sparsam verwenden, da nicht ganz histaminfrei! Produkte mit Farb- oder Konservierungsstoffen meiden!)

Weitere Möglichkeiten:

Verjus (= Saft unreifer Trauben, milde, fruchtige Säure)

Ganz wenig Apfelessig ist evtl. für einige ausreichend verträglich.

1 Messerspitze Ascorbinsäure = Vitamin C-Pulver eignet sich sehr gut bei Mastzellerkrankungen, ist aber ein schwacher DAO-Hemmer.

(Evtl. 1 Messerspitze Citronensäure. Verträglichkeit umstritten.)

(Keinen Zitronensaft verwenden!)

Öle

Rapsöl (gesund, geschmacksneutral)

Albaöl® (besonders gesunde Rapsöl-Sorte mit Buttergeschmack, laktosefrei, zum Braten geeignet)

Olivenöl (unverträglich bei Salicylat-Intoleranz, ansonsten verträglich)

Leinöl (sehr gesund, entbittertes Produkt wählen wegen Eigengeschmack)

Distelöl

Vermutlich sind die meisten Pflanzenöle verträglich. Nussöle eher meiden oder vorsichtig austesten. Sonnenblumenöl ist eher entzündungsfördernd, aber nicht konsequent zu meiden.

Verdickungsmittel, Emulgatoren

Quark

Ziegenfrischkäse (sehr würzig)

Frischkäse streichfähig (ohne Konservierungsmittel und ohne Verdickungsmittel / Stabilisatoren!)

Joghurt (nur bedingt verträglich)

Rahm = Sahne (flüssig, verderblich)

Eigelb roh (nur ganz frische Eier)

Gewürze

Salz (ohne Jod- / Fluorzusatz)

Küchenkräuter, frisch oder getrocknet (Schnittlauch nur in kleinen Mengen)

Weiße Zwiebel, gehackt

Paprikapulver, mild

(Evtl. wenig Knoblauchpulver)

(Evtl. verträgliche Kräutersalze)

Allgemeine Zubereitungshinweise

Dressing-Zutaten nach Belieben mischen und kalt verwenden

Salz, Gewürze und Kräuter sowie pulverförmige Säuren zuerst in die wässrige Flüssigkeit (Essig) geben und vermischen; erst danach das Öl zugeben und kräftig verrühren

Haltbarkeit: im Kühlschrank je nach Rezept einige Tage

Rasch welkende Salate (Blattsalate) erst kurz vor dem Servieren mit dem Dressing vermischen. Andere Salate (Kohl-, Rote Bete-, Sellerie-, Kartoffelsalat) werden hingegen besser, wenn das Dressing einige Stunden einziehen kann.

Ungeeignet sind Senf, Streuwürze mit Geschmacksverstärkern (Glutamat, Hefe-extrakt), Maggi, Aromat, Sojasauce, Worcestersauce, Essig, Mayonnaise, Kräuter-salze mit Kelp oder anderen Algen, Pilze.

Ein wenig Weißkohl dazu hobeln verleiht dem Salat eine senfähnliche Schärfe.

Dressing Minimalvariante

Salat kann man auch ganz ohne Säure anmachen, z.B. wenn beim Auswärtsessen im Restaurant nichts Anderes verfügbar ist:

Rezept für 1 Portion Histaminose, glutenfrei, laktosefrei

1 Prise	**Meersalz**	Salat ohne Dressing bestellen, Salz und Öl verlangen und selbst dazu geben
ca. 1-3 EL	**Olivenöl / Rapsöl**	

Grundrezept "Italian Dressing"

Rezept für 4 Portionen Histaminose, glutenfrei, laktosefrei

3 EL	**Alkoholessig 4,5 % ohne Konservierungs- / Farbstoffe**	in der leeren Salatschüssel vermischen Würzen nach Belieben Die Würzstoffe sollen sich zuerst in dieser wässrigen Phase auflösen.
evtl. ¼	**weiße Zwiebel, gehackt**	
2 Prisen	**Salz ohne Jod / Fluor oder Gemüsebouillonpulver S. 63**	
nach Belieben	**Gewürze: Kräuter, Paprikapulver, (evtl. ganz wenig Pfeffer)**	
(evtl. wenig	**Knoblauchpulver)**	
6 EL	**Rapsöl oder Olivenöl**	dazu geben und kräftig mit den anderen Zutaten verrühren

Salat dazu geben und mischen

Weißes Salatdressing, dickflüssig

Rezept für 4 Portionen Histaminose, glutenfrei

3 EL	**Alkoholessig 4,5 % ohne Konservierungs- / Farbstoffe**	in der leeren Salatschüssel vermischen Würzen nach Belieben Die Würzstoffe sollen sich zuerst in dieser wässrigen Phase auflösen.
evtl. ¼	**weiße Zwiebel, gehackt**	
2 Prisen	**Salz ohne Jod / Fluor oder Gemüsebouillonpulver S. 63**	
nach Belieben	**Gewürze: Salatkräuter, Paprikapulver, (evtl. ganz wenig Pfeffer)**	
(evtl. wenig	**Knoblauchpulver)**	
4-6 EL	**streichfähiger Frischkäse / Ziegenfrischkäse / Quark / (Joghurt) ohne Konservierungsstoffe, ohne Verdickungsmittel, ohne Stabilisatoren**	dazu geben und kräftig mit den anderen Zutaten verrühren
evtl. 2 EL	**Rapsöl, Olivenöl, Leinöl**	

Salat dazu geben und mischen

Grüner Blattsalat

Rezept für 4 Portionen Histaminose, glutenfrei, laktosefreie Variante möglich

ca. ½-1	**Salatkopf: beliebige Sorte (außer Rucola)**	vorbereiten, waschen, abtropfen oder trocken schleudern
evtl. ca. ¼	**weiße Zwiebel**	schälen, hacken
4 Portionen	**Salatdressing S. 76ff**	zubereiten

Die Sauce erst kurz vor dem Servieren über den Salat geben

Gemischter Salat

Tipp: Je nach Saison, Lust und Laune immer wieder andere Kombinationen ausprobieren, damit der Salat nicht immer gleich schmeckt. Geeignete Zutaten:

Besser roh

Blattsalate (außer Rucola)

Endiviensalat, Endivie

Frischkäse ohne unverträgliche Zusatzstoffe: Mozzarella, Panir S. 201, ...

Chinakohl

Gurke: Salatgurke

Rettich: Bierrettich, mild

Radieschen

Trauben

Roh oder gekocht

Apfel

Artischockenböden frisch

Blumenkohl

Chicorée

Fenchel

Karotte, Möhre, Mohrrübe, Rüebli

Kochschinken (ohne Hefeextrakt, Glutamat, Würze, Raucharoma, E407)

Kürbis

Pastinaken

Paprika (nur milde Sorten)

Rote Bete, Randen

Rotkohl, Blaukabis

Sellerie: Knollen- / Stangensellerie

grüner Spargel

weiße Zwiebel

Weißkohl, Weißkabis

Zucchini, Zucchetti, auch die Blüten

Nur gekocht

Broccoli, Brokkoli

Frischfleisch: Putenbrust-Streifen, Geschnetzeltes, Braten, Siedfleisch etc.

Maiskörner, (evtl. wenig Dosenmais)

(evtl. wenig Buschbohnen, grüne Bohnen)

Fenchelsalat

Rezept für 4 Portionen Histaminose, glutenfrei, laktosefreie Variante möglich

ca. 1	**großer Fenchel, roh**	in dünne Streifen hobeln
1-2	**Äpfel**	entkernen, würfeln oder hobeln
1 dl	**Rahm / Sahne ohne Zusatzstoffe**	
4 EL	**Verjus = Saft unreifer Trauben / weißer Traubensaft**	in eine Schüssel geben und mit Fenchel und Apfel vermischen (oder nach Belieben eine andere Salatsauce gemäß S. 76f wählen)
2 Prisen	**Salz ohne Jod / Fluor**	
(evtl. wenig	**Pfeffer)**	

Alle Zutaten gut vermischen

Material

Gemüsehobel von Vorteil

Gurkensalat

Rezept für 4 Portionen Histaminose, glutenfrei, laktosefreie Variante möglich

ca. 4 EL	**Magerquark / Rapsöl / Olivenöl**	
ca. 4 EL	**Alkoholessig 4,5 % ohne Konservierungs- / Farbstoffe**	
etwas	**Salz ohne Jod / Fluor**	
(evtl. wenig	**Dillspitzen, frisch / getrocknet)**	in eine Schüssel geben und vermischen
etwas	**weiße Zwiebel, gehackt**	
(evtl. wenig	**Knoblauchpulver)**	
(wenig	**Pfeffer)**	Gurke waschen, evtl. schälen, hobeln oder in kleine Würfel schneiden
1	**Salatgurke**	Mit der Sauce vermischen

Material

Evtl. Sparschäler, Gurkenhobel

Variationen

Mit Radieschen und Mozzarellakügelchen (und evtl. Schnittlauch) garnieren

„Griechischer Salat“

Rezept für 4 Portionen Histaminose, glutenfrei

ca. 4 EL	**Olivenöl**	
ca. 100 g	**Ziegenfrischkäse**	
ca. 6 EL	**Alkoholessig 4,5 % ohne Konservierungs- / Farbstoffe**	
etwas	**Salz ohne Jod / Fluor**	
wenig	**Kräuter: Oregano, Petersilie**	
(evtl. wenig	**Knoblauchpulver)**	
(evtl. wenig	**Pfeffer)**	zu einer Sauce vermischen
1	**Salatgurke**	
ca. 400 g	**Mozzarella / Panir S. 201**	
1	**Paprika, Spitzpaprika**	in Würfel schneiden
½	**weiße Zwiebel**	in feine Streifen schneiden
evtl. ca. 100 g	**Eisbergsalat / Krachsalat**	
(evtl. wenige	**grüne Oliven, entsteint (verträgliches Produkt wählen))**	zerkleinern

Alle Zutaten mit der Sauce vermengen

Karottensalat

Rezept für 4 Portionen Histaminose, glutenfrei, (laktosefrei je nach Dressing)

ca. 400-600 g	**Karotten**	fein raspeln
evtl. ½	**weiße Zwiebel**	hacken
4 Portionen	**Salatdressing S. 76ff**	zubereiten und darüber gießen Mischen

Material

Raspel / Reibe / CH: Bircherraffel

Variationen

Mit etwas Petersilie (oder Schnittlauch) bestreuen

Geraffelte Äpfel / Knollensellerie / Rettich / gelbe Pfälzerrüben darunter mischen

Chinakohlsalat

Rezept für 4 Portionen Histaminose, glutenfrei, (laktosefreie Variante möglich)

ca. 200-300g	**Chinakohl**	in Streifen schneiden
4 Portionen	**Salatdressing S. 76ff**	darüber gießen, mischen

Ein angeschnittener Chinakohlkopf kann verpackt mehrere Tage im Kühlschrank aufbewahrt werden.

Variationen

(Mit etwas Schnittlauch oder Rettichkeimlingen bestreuen)

Mit Radieschen und Mozzarellakügelchen garnieren

Etwas Quark über den Salat geben oder in die Sauce einrühren

Blumenkohlsalat

Rezept für 4 Portionen Histaminose, glutenfrei, laktosefrei

ca. 800 g	**Blumenkohl**	waschen und in mundgerechte Röschen zerteilen Im Kochtopf, dessen Boden mit Wasser bedeckt ist, auf den Siebeinsatz geben Mit Salz bestreuen Mit aufgesetztem Deckel im Dampf blanchieren, so dass er noch leicht knackig ist. Im Schnellkochtopf nur ½ bis 1 min oder nach Herstellerangabe Warten, bis nicht mehr heiß
etwas	**Wasser**	
2 Prisen	**Salz ohne Jod / Fluor**	
4 EL	**Alkoholessig 4,5 %**	zugeben Gut vermischen Mit Salz abschmecken Wird noch besser, wenn man ihn einige Stunden im Kühlschrank ziehen lässt
4 EL	**Rapsöl**	
evtl. wenig	**Kümmel**	

Zwischendurch mehrmals mischen und wenn nötig noch mehr Alkoholessig zugeben

Blumenkohl kann auch roh gegessen werden. Gekocht ist er besser verdaulich.

Hähnchenfilet auf Feldsalat / Nüsslisalat

Rezept für 4 Portionen Histaminose, glutenfrei, laktosefreie Variante möglich

ca. 200 g	**Feldsalat = Nüsslisalat**	sorgfältig waschen und vorbereiten
ca. 200 g	**Mini-Hähnchenfilets**	
2 Prisen	**Salz ohne Jod / Fluor**	Fleisch würzen
etwas	**Paprikapulver, mild**	Knusprig braten
etwas	**Butter oder Bratbutter**	Etwas abkühlen lassen
2 EL	**Alkoholessig 4,5 %**	
4 EL	**Olivenöl oder Rapsöl**	
etwas	**Paprikapulver, mild**	
nach Belieben	**Salatkräuter**	vermischen
4 EL	**Ziegenfrischkäse (oder Hüttenkäse falls ohne unverträgliche Zusatzstoffe)**	Feldsalat auf Tellern anrichten Sauce darüber geben
evtl. 2	**hartgekochte Eier: nur das zerbröselte Eigelb verwenden**	In Streifen geschnittene Filets darüber verteilen

Lauwarmer Spargel-Broccoli-Salat

Rezept für 4 Personen Histaminose, glutenfrei, laktosearm

ca. 1 Liter	**Wasser**	
1 EL	**Salz ohne Jod / Fluor**	zum Kochen bringen
ca. 400 g	**Broccoli**	in Röschen zerteilen Im Salzwasser blanchieren, bis er fast gar, aber noch leicht knackig ist
ca. 400 g	**dünne grüne Spargel**	vorbereiten: im unteren Teil die zähe Haut wegschälen und Enden wegschneiden
etwas	**Butter**	schmelzen und die ganzen Spargel darin gar dünsten
ca. 100 g	**verträglicher Kochschinken (ohne Hefeextrakt, Glutamat, Würze, E407)**	beifügen Kurz anbraten

Broccoli auf den Tellern anrichten und die Spargel-Schinkenmischung darüber verteilen

Lauwarm oder kalt genießen

Kartoffelsalat

Rezept für 4 Portionen Histaminose, glutenfrei, (laktosefrei je nach Dressing)

800 g	**Pellkartoffeln S. 100**	Die gekochten, noch warmen Kartoffeln schälen und in dünne Scheiben schneiden
4 dl	**Wasser mit verträglicher Bouillon S. 62f (ohne Glutamat, ohne Hefeextrakt)**	aus Konzentrat verdünnen, erwärmen und heiß darüber gießen 30 min zugedeckt ziehen lassen
evtl. 1	**weiße Zwiebel, gehackt**	
4-8 Portionen	**weißes Salatdressing S. 76ff**	
nach Belieben	**Petersilie, (Schnittlauch), Salatgurke, Radieschen**	beifügen Sorgfältig mischen
nach Belieben	**Gewürze: Paprikapulver, Kräuter, (wenig Pfeffer)**	Einige Stunden im Kühlschrank stehen lassen

Variationen

Mit Radieschen, Petersilienblättern und Mozzarellakügelchen garnieren

Rote-Bete-Salat, Randensalat

Rezept für 4 Portionen Histaminose, glutenfrei, (laktosefrei je nach Dressing)

ca. 400-600 g	**Rote Bete, gekocht**	schälen, hobeln
1	**weiße Zwiebel**	fein hacken
4 Portionen	**Salatdressing S. 76ff**	zubereiten und darüber gießen
mehrere EL	**Alkoholessig 4,5 % oder stärker**	zugeben

Gründlich mischen. Wird noch besser, wenn man ihn einige Stunden im Kühlschrank stehen lässt. Evtl. später noch etwas mehr Alkoholessig zugeben.

Material

Gemüsehobel

Anmerkungen

Rote Bete findet man im Laden fertig gekocht und vakuumiert, geschält oder ungeschält.

Weißkohlsalat, Krautsalat, Coleslaw

Rezept für 4 Portionen Histaminose, glutenfrei, (laktosefrei je nach Dressing)

ca. 400-600 g	**Weißkohl oder Rotkohl, frisch**	fein hobeln oder in sehr dünne Scheiben schneiden (die dabei sofort zu feinen Streifen zerfallen)
evtl. 2-4	**Äpfel**	fein raspeln
evtl. 4	**Karotten**	Beifügen
evtl. ½	**weiße Zwiebel**	hacken, beifügen
4 Portionen	**Salatdressing S. 76ff**	darüber geben (z.B. etwas Alkoholessig mit viel streichfähigem Frischkäse verquirlt)
evtl. 1 TL	**Kümmelsamen**	dazu geben, alles gut vermischen

Wird noch besser, wenn man ihn einige Stunden im Kühlschrank stehen lässt

Material

Gemüsehobel oder ein großes Messer

Krautsalat, warm eingelegt

Rezept für 4 Portionen Histaminose, glutenfrei, laktosefreie Variante möglich

ca. 400-600 g	**Weißkohl oder Rotkohl, frisch**	fein hobeln bzw. hacken
½	**weiße Zwiebel**	
nach Belieben	**glattblättrige Petersilie**	
1½ dl	**Wasser mit etwas verträglicher Gemüsebouillon S. 62f**	kurz aufkochen Heiß über den Kohl gießen
½ dl	**Alkoholessig 4,5 %**	
1 EL	**Zucker**	
evtl. 1 TL	**Kümmelsamen**	
evtl. 50 g	**streichfähiger Frischkäse ohne Konservierungs- / Verdickungsmittel, Stabilisatoren**	darunter mischen

Alles gut vermischen und leicht festdrücken

Ziehen lassen

Material

evtl. Gemüsehobel

Reissalat mit Melone und Schinken

Rezept für 2-4 Portionen Histaminose, glutenfrei

100 g	**Langkornreis, keine klebende Sorte**	nach Herstellerangaben kochen Abkühlen lassen
1	**gelbe Paprika**	waschen, entkernen, zerkleinern
evtl. ¼	**weiße Zwiebel**	schälen, fein hacken
½	**Melone: Galia-, Netz-, Honig- oder Charantaismelone**	schälen, entkernen In mundgerechte Stücke schneiden
100-200 g	**Mozzarella**	in mundgerechte Stücke schneiden
80 g	**verträglicher Kochschinken (ohne Hefeextrakt, Glutamat, Würze, Raucharoma, E407)**	in 1 cm große Stücke schneiden
2-6 Zweige	**frisches Basilikum**	in Streifen schneiden
1 EL	**Alkoholessig 4,5 %**	Essig und Gewürze mischen, danach gründlich mit dem Öl verquirlen Alle Zutaten mit dem Dressing vermengen
etwas	**Salz ohne Jod / Fluor**	
ganz wenig	**Pfeffer**	
4 EL	**Olivenöl oder Rapsöl**	

Mindestens 1 Stunde im Kühlschrank stehen lassen

Hirsesalat mit Trauben und Käse

Rezept für 4 Portionen Histaminose

2½ dl	**Wasser**	
1 EL	**verträgliche Gemüsebrühe S. 62f)**	in einem Kochtopf zum Kochen bringen
125 g	**Hirsekörner**	in die Brühe geben Zugedeckt bei kleiner Hitze 15 min quellen lassen
(300 g	**blaue und weiße Weintrauben) oder eine andere verträgliche Frucht**	halbieren und mit der Messerspitze entkernen
150 g	**(junger(!) Gouda ohne unverträgliche Zusatzstoffe) oder Mozzarella**	in ca. 1 cm große Würfel schneiden
¼	**weiße Zwiebel**	schälen In sehr dünne Halbringe schneiden
2 EL	**Olivenöl oder Rapsöl**	in einer Schüssel mit der erkalteten Hirse vermischen und würzen Danach auch alle übrigen Zutaten dazu geben und mischen Zugedeckt im Kühlschrank 2 h einziehen lassen
2-3 EL	**Alkoholessig 4,5 %**	
etwas	**Salz ohne Jod / Fluor**	
(ganz wenig	**Pfeffer)**	
evtl. etwas	**Koriander**	

Fleisch & Fisch

Fleisch à la minute, Kurzbraten

Rezept für 4 Portionen Histaminose, glutenfrei, laktosefrei

ca. 2 EL	**Olivenöl / Bratfett / Bratbutter**	in Bratpfanne geben, erhitzen
400-600 g	**geeignetes dünnes Fleischstück: z.B. Schnitzel à la minute**	auf beiden Seiten ca. 1-2 min anbraten
nach Belieben	**Kräuter, (evtl. wenig Knoblauchpulver und Pfeffer)**	darüber streuen Salz erst nach dem Braten zugeben
2 Prisen	**Salz ohne Jod / Fluor**	

Bratzeit wenige Minuten, abhängig von der Dicke, Art und Lagerung des Fleisches

Braten, Grillen

Beim Braten / Grillen dickerer Fleischstücke geht man grundsätzlich gleich vor wie beim oben beschriebenen Kurzbraten, außer dass diese eine entsprechend längere Bratzeit erfordern. Gut geeignet sind: Geflügelteile, Koteletts, Schnitzel = Plätzli etc. Schlecht verträglich sind besonders lange abgehangene Fleischstücke, z.B. ein gut gereiftes Steak oder geräucherter Speck. Hackfleisch ist meist problematisch, kann jedoch evtl. ausreichend verträglich sein, wenn es sehr frisch ist.

Variationen

Entweder ohne Deckel knusprig braten oder nach dem Anbraten mit Flüssigkeit ablöschen und mit aufgesetztem Deckel bei kleiner Hitze im Dampf garen. Im Dampf ist es schneller und gleichmäßiger gar mit geringerem Energieverbrauch.

Anmerkungen

Frischfleisch unmariniert einkaufen und evtl. selbst marinieren.

Hoch erhitzbares Öl verwenden (bis 180° erhitzbar, steht jeweils auf der Flasche).

Gewürze, insbesondere Paprikapulver, erst am Schluss zugeben. Sie verbrennen leicht.

Auf dem Grillfeuer: Grillschale aus Aluminium oder Blech verwenden. So verhindert man ungesunde Rauchentwicklung durch in die Glut tropfendes Fett.

Extrem empfindliche Personen sollten evtl. die Röstaromen meiden, welche im Bratgut durch die Bräunungsreaktion (Maillard-Reaktion) entstehen, und stattdessen schonendere Garmethoden bevorzugen: Sieden, Niedertemperaturgaren.

Geschnetzeltes: à la minute oder geschmort

Rezept für 4 Portionen Histaminose, glutenfreie & laktosefreie Variante möglich

2 EL	**Olivenöl, hoch erhitzbares Öl**	portionenweise im heißen Öl ca. 3 min bei großer Hitze anbraten: Zunächst unbewegt einseitig bräunen, dann wenden Aus der Pfanne nehmen Zugedeckt warm stellen
ca. 600 g	**geschnetzeltes Fleisch: teure zarte bindegewebsarme Qualität vom Kalb, Rind, Schwein oder Geflügel für die Zubereitung à la minute**	
1 EL	**Bratbutter / Olivenöl**	in derselben Bratpfanne erhitzen
1	**weiße Zwiebel, gehackt**	beifügen und bei mittlerer Hitze 2-4 min glasig dünsten
½ TL	**Salz ohne Jod / Fluor**	darüber streuen
1-2 EL	**UrDinkelmehl oder Stärke**	sofort mischen
1 dl	**histaminfreier Weißwein**	ablöschen, halb einköcheln lassen
etwas	**Gewürze: z.B. Salz ohne Jod / Fluor, mildes Paprikapulver, Rosmarin, Thymian, Petersilie, Zitronenthymian, Zitronenmelisse**	Gewürze in der Flüssigkeit verrühren In Pfanne geben, kurz aufkochen Angebratenes Fleisch zugeben Auf kleiner Stufe unter gelegentlichem Umrühren einige min köcheln lassen Evtl. Wasser nachgießen
1-2 dl	**Wasser mit verträglicher Bouillon S. 62f oder Bratensauce S.65**	
1 dl	**Milch oder Rahm / Sahne ohne Zusatzstoffe**	
1 dl	**Rahm / Sahne ohne Zusatzstoffe**	halbsteif schlagen und kurz vor dem Servieren darüber geben
etwas	**Petersilie, gehackt**	darüber streuen zum Garnieren

Anmerkungen

Nur kleine Fleischportionen auf einmal in die Pfanne geben, so dass der Boden der Pfanne knapp mit einer Lage Fleisch bedeckt ist. Sonst reicht die Hitze nicht aus; es beginnt zu saften und wird zäh.

Günstigere bindegewebsreiche Fleischqualitäten etwas länger anbraten und anschließend in der Flüssigkeit **schmoren**, damit es zarter wird. **Schmorzeiten:** Kalb und Geflügel 5-8 min, Schwein 15-20 min, Rind 30-40 min. Den Metzger fragen.

Dazu wird traditionell eine knusprig gebratene Kartoffelrösti (S. 101) serviert.

Geschnetzeltes an Paprika-Rahmsauce

Wie auf S. 91 zubereiten, jedoch viel Rahm (ohne Zusatzstoffe) und 1-2 TL mildes Paprikapulver beifügen. Evtl. zusätzlich fein gehackte Paprikastücke mit der Zwiebel mitdünsten

Fleisch, herbstsüß angebraten

Rezept für 4 Portionen Histaminose, glutenfrei, laktosefrei

ca. 400 g	**(Trauben) oder Apfel, Melone, Nektarine**	entkernen, in mundgerechte Stücke schneiden
2 EL	**Honig, flüssig bis gut streichbar / Agavendicksaft**	über die Trauben träufeln und beiseite stellen
wenig	**Olivenöl / Bratbutter**	in eine kleine Bratpfanne geben erhitzen
400-800 g	**geeignetes Fleischstück, z.B. Hähnchenbrust, Putenschnitzel**	ins heiße Öl oder Fett geben Beidseitig anbraten Fleisch beidseitig dünn mit ganz wenig Honig bestreichen, weiterbraten
½ TL	**Salz ohne Jod / Fluor**	darüber streuen
1 dl	**histaminfreier Wein, z.B. Rotwein**	zum Ablöschen dazu gießen
nach Belieben	**frische Zitronenmelissenblätter oder Pfefferminzblätter**	sofort die Früchte und $^1/_3$ der Melissen-/Minzenblätter dazugeben
nach Belieben	**frische Kräuter: z.B. Thymian, Zitronenthymian, Salbei, Lavendel, Bohnenkraut, Kräuter der Provence**	zugeben Zugedeckt auf kleiner Stufe weiter ziehen lassen

Auf einem Teller anrichten und mit den übrigen Melissenblättern garnieren

Anmerkungen

Hoch erhitzbares Öl verwenden (bis 180° erhitzbar, steht meist auf der Flasche)

Die im Honig und im Agavendicksaft enthaltenen Einfachzucker verstärken das Röstaroma, wenn sie karamellisieren.

Paniertes Schnitzel, Piccata

Rezept für 2-4 Personen Histaminose, laktosefreie Variante möglich

ca. 1 Handvoll	**UrDinkelmehl**	in einen flachen Teller streuen
1-2	**Eigelb**	in einem zweiten flachen Teller verquirlen
2 EL	**Wasser oder Milch**	
ca. 2 Handvoll	**Dinkel-Paniermehl / zerbröseltes trockenes verträgl. UrDinkelbrot S. 165ff**	in einen dritten flachen Teller streuen
4	**Schnitzel oder andere geeignete Stücke: Schwein, Rind, Kalb, Geflügel, Gemüse**	Beidseitig mit Salz und wenig Pfeffer würzen
etwas	**Salz ohne Jod / Fluor, (Pfeffer)**	

Fleisch im Mehl wenden, beidseitig durch das verquirlte Eigelb ziehen, im Paniermehl wenden

reichlich	**Bratbutter oder Olivenöl**	in Bratpfanne erhitzen

Erst wenn das Öl heiß ist, die panierten Schnitzel in die Pfanne legen

Bei mittlerer bis großer Hitze goldbraun braten. Vorsichtig wenden

Bratzeit wenige Minuten, abhängig von der Dicke, Art und Lagerung des Fleisches

etwas	**Petersilie**	zum Garnieren

Heiß servieren

Variationen

Das rohe Fleisch zwischen zwei Klarsichtfolien legen und mit einem Fleischklopfer (oder ähnlichem Gegenstand) flach schlagen, um das Fleisch zarter zu machen

Nebst Fleisch eignen sich auch dünne Zucchini-, Kürbis-, Rote-Bete- oder Selleriescheiben, die aber vor dem Panieren evtl. zuerst vorgegart werden müssen.

Anmerkungen

So viel Öl verwenden, wie für die ausreichende Wärmeübertragung zwischen Pfanne und Panierung notwendig ist. Bei zu wenig Öl verkohlen einzelne Brösel mit direktem Kontakt zur Pfanne, während die restliche Oberfläche hell bleibt.

Auf gutes Timing achten: Die fertig panierten Schnitzel sollten nicht zu lange liegen bleiben, sondern möglichst rasch in die Pfanne kommen, sonst haftet die Panierung nicht mehr gut. Wenn jedoch das Öl nicht von Anfang an heiß genug ist, saugt sich die Panierung mit Öl voll. Öl nicht überhitzen.

Um der Panierung überschüssiges Fett zu entziehen, können die fertig gebackenen Stücke kurz auf Küchenpapier gelegt werden.

Cordon bleu

Rezept für 4 Stück Histaminose

4 große	**Schnitzel, ca. ½ cm dick**	beidseitig mit Salz (und evtl. wenig Pfeffer) würzen
etwas	**Salz ohne Jod / Fluor**	
8 Scheiben	**verträglicher Kochschinken (ohne Hefeextrakt, Glutamat, Würze, Rauch, E407)**	Schnitzel 1 Mal falten Zwei Scheiben Schinken mit einer dünnen Lage verträglichem Käse dazwischen ins Schnitzel legen Mit Zahnstochern fixieren
(2 Scheiben	**junger(!) Gouda in Scheiben) oder Mozzarella**	

Panieren und braten wie auf S. 93 beschrieben, jedoch mit längerer Bratzeit

Anmerkungen

Mozzarella ist besser verträglich als der aromatischere junge Gouda, bei dem ausprobiert werden muss, welche Produkte man verträgt. Je jünger, desto besser verträglich.

Schnitzel im Saft, Saftplätzli

Rezept für 4 Personen Histaminose, glutenfrei, laktosefrei

2	**weiße Zwiebeln**	schälen, hacken
nach Belieben	**Karotten, Pastinaken, Stangen- oder Knollensellerie, Petersilienstängel**	
nach Belieben	**Küchenkräuter, z.B. Salbei, Rosmarin, Thymian**	
evtl. 50 g	**Kochschinken (ohne Glutamat, Hefeextrakt, Würze, E407)**	klein schneiden
1 EL	**Olivenöl, Rapsöl oder Butter**	in einen Kochtopf geben
4	**Schnitzel: Schulter, Keule (=Stotzen) oder Hals vom Rind / Kalb / Schwein, 5 mm bis maximal 1 cm dick geschnitten**	Alle Zutaten lagenweise in den Topf schichten (zuunterst etwas Gemüse, dann abwechselnd Fleisch und Gemüse darüber) und jede Lage mit etwas Salz und Kräutern bestreuen
½ TL	**Salz ohne Jod / Fluor**	

Bei großer Hitze erwärmen, dann bei kleiner Hitze zugedeckt dämpfen

Falls nötig zwischendurch etwas Wasser oder histaminfreien Wein dazu gießen

Nach der halben Garzeit den Inhalt wenden

Garzeiten: Rind 1 bis 1½ h, Schwein 30-40 min

Kalbsragout an weißer Sauce

Rezept für 4 Personen Histaminose, (glutenfrei und laktosefrei je nach Sauce)

8 dl	**Wasser**	in einen Kochtopf geben
evtl. 2	**Knochen**	abspülen, ggf. schwarze Metallspuren abschaben, zugeben
1	**weiße Zwiebel**	bestecken (das Lorbeerblatt mit der Nelke an die Zwiebel stecken) zugeben
1	**Lorbeerblatt**	
1-2	**Gewürznelken**	
einige	**Petersilienstängel**	zugeben, alles aufkochen 15 min bei kleiner Hitze auskochen
1 TL	**Salz ohne Jod / Fluor**	erst nach dem Auskochen zugeben
ca. 400-500 g	**Kalbsragout, Kalbfleisch in ca. 3-4 cm großen Würfeln (CH: Kalbsvoressen)**	in den Sud geben und 40-50 min zugedeckt bei kleiner Hitze kochen
ca. 2½ dl	**Béchamel Sauce, S. 50, mit Sud anstatt Milch zubereitet**	Fleisch aus dem Sud nehmen und Sauce darüber gießen
etwas	**Petersilie**	zum Garnieren

Variationen

Bereichern Sie das Gericht mit leckeren Röstaromen, indem Sie Fleisch und Zwiebel zuerst mit 1 EL UrDinkelmehl bestäuben und anbraten, bis braune Röstspuren entstehen, anstatt sie bloß zu sieden.

Ossobuco, geschmorte Kalbshaxen

Rezept für 4 Personen Histaminose, (glutenfrei und laktosefrei je nach Sauce)

4	**Haxen / Beinscheiben vom Kalb, Rind oder Lamm**	außen 4-mal ca. 3mm tief einschneiden, damit sich das Fleisch beim Braten nicht biegt Evtl. mit Küchenschnur zusammenbinden
1 TL	**Salz ohne Jod / Fluor**	würzen
1 EL	**UrDinkelmehl**	Fleisch bestäuben
1 EL	**Bratbutter / Olivenöl**	Fleisch kräftig anbraten
1	**weiße Zwiebel, gehackt**	beifügen, andünsten
4	**Paprika / Spitzpaprika**	
4	**Karotten**	
etwas	**Sellerie / Pastinaken / Petersilienstängel**	zerkleinern mitdünsten
2 dl	**histaminfreier Rotwein**	ablöschen Zur Hälfte einköcheln lassen
2 dl	**Wasser mit verträglicher Bouillon S. 62f**	
(ganz wenig	**Pfeffer)**	
1 TL	**Paprikapulver, mild**	
1	**Lorbeerblatt**	
1 kleiner	**Rosmarinzweig**	
evtl. 2-3	**Salbeiblätter**	
(evtl. wenig	**Knoblauchpulver)**	würzen

Deckel aufsetzen und bei kleiner Hitze 60-90 min schmoren

Die Ossibuchi (=Haxen) sollten dabei nur zu ungefähr ¼ in der Flüssigkeit liegen.

Anmerkungen

Dazu passen: Polenta (S. 108) oder Safran- / Gemüserisotto (S. 107)

Kutteln

Rezept für 4 Personen Histaminose, glutenfreie und laktosefreie Variante möglich

1-2 EL	**Rapsöl / Olivenöl / Butter**	
50 g	**verträglicher Kochschinken (ohne Hefeextrakt, Glutamat, Würze, Raucharoma, E407)**	
1	**weiße Zwiebel, grob gehackt**	in einer Bratpfanne im heißen Öl anbraten
ca. 400-500 g	**Kutteln**	zugeben, mischen
½ TL	**Salz ohne Jod / Fluor**	Bei kleiner Hitze zugedeckt 30-40 min dämpfen, zwischendurch schütteln
½ TL	**Kümmel**	
1 EL	**UrDinkelmehl / Reismehl / Stärke**	darüber streuen, mischen
2 dl	**Wasser**	ablöschen
evtl. 2 EL	**Rahm / Sahne ohne Zusatzstoffe**	zum Verfeinern
etwas	**Petersilie, gehackt**	darüber streuen

Variationen

20 min vor Ende der Kochzeit zusätzlich in sehr kleine Würfel geschnittene **Kartoffeln** und evtl. in Streifen geschnittenen **Spitzkohl** oder Weißkohl zugeben und mischen.

Anmerkungen

Innereien gelten zwar als eher problematisch bezüglich Histamin oder Liberatorwirkung. Das gilt aber nicht für alle Organe im gleichen Maße. An Kutteln und Hühnerherzen beispielsweise darf man sich schon mal heranwagen, wenn man sie mag und auf die Frische achtet.

Fischfilet, gebraten

Rezept für 4 Personen Histaminose, glutenfreie und laktosefreie Variante möglich

(ca. 400-500 g	**Fischfilets), tiefgekühlt oder absolut fangfrisch**	Gefrorenes kommt ohne vorheriges Auftauen direkt in die Pfanne!
evtl. wenig	**Verjus = Saft unreifer Trauben**	beträufeln
etwas	**Salz ohne Jod / Fluor**	
(wenig	**Dill, frisch oder getrocknet)**	würzen
ca. 4 EL = 40 g	**UrDinkelmehl / Reismehl / Stärke**	darin wenden
etwas	**hoch erhitzbares Rapsöl, Albaöl® oder Bratbutter**	in einer Bratpfanne erhitzen Bei mittlerer Hitze beidseitig braten, je nach Dicke total 3-12 min

Nicht zu lange braten, sonst zerfällt das Filet in kleine Stücke.

Wichtig: Fisch ist hoch verderblich und daher nur bedingt empfehlenswert!

Fischfilet, gedämpft

Rezept für 4 Personen Histaminose, glutenfrei, laktosearm

(ca. 400-500 g	**Fische / Fischfilets), tiefgekühlt oder absolut fangfrisch**	Gefrorenes kommt ohne vorheriges Auftauen direkt in die Pfanne!
evtl. wenig	**Verjus = Saft unreifer Trauben**	beträufeln
etwas	**Salz ohne Jod / Fluor**	würzen
1	**weiße Zwiebel**	schälen, hacken oder in Ringe schneiden
nach Belieben	**Küchenkräuter, frisch / getrocknet: (Dill), Petersilie**	Kochtopf lagenweise mit Zwiebel, Fisch und Kräutern befüllen
ca. 1 EL	**verträgliche Gemüsebouillon S. 62f**	
½ dl	**Wasser**	dazu geben
etwas	**Butterflöckchen**	Zugedeckt ca. 10 min dämpfen

Nicht zu lange dämpfen, sonst zerfällt das Filet in kleine Stücke.

Stärkebeilagen

Pellkartoffeln, Schalenkartoffeln, Gschwellti

Rezept für 4 Portionen Histaminose, glutenfrei, laktosefrei

etwas	**Wasser**	in den (Schnell)kochtopf füllen bis zur Höhe des Siebeinsatzes
800 g - 1 kg	**Kartoffeln, festkochende Sorte**	waschen und ganz, mit Schale, auf den Siebeinsatz legen
wenig	**Salz ohne Jod / Fluor**	darüber streuen; das soll die Gefahr des Platzens verringern

Im Kochtopf bei kleiner Hitze zugedeckt etwa 30-50 min dämpfen oder im Schnellkochtopf nach Herstellerangabe, ca. 6-10 min

Schnellkochtopf langsam abkühlen lassen, weil sie sonst platzen würden

Testen, ob die Kartoffeln gar sind, indem man die größte mit einem Messer oder einer Gabel ansticht. Sie sollte ohne Widerstand zu durchstechen sein.

Material

Siebeinsatz für Kochtopf, evtl. Schnellkochtopf

Variationen

Überschüssige Pellkartoffeln lassen sich zu Kartoffelsalat (S. 85) oder zu einer Rösti (S. 101) weiter verarbeiten.

Petersilienkartoffeln: Pellen, evtl. vierteln, in wenig heißer Butter schwenken und mit gehackter Petersilie und etwas Salz bestreuen

Rösti

Rezept für 4 Portionen Histaminose, glutenfrei, laktosearm

6 EL = 60 g	**Bratbutter**	
evtl. 1	**weiße Zwiebel**	klein schneiden
evtl. 2	**Karotten**	In einer großen flachen Bratpfanne im heißen Fett / Öl kurz anbraten
evtl. bis 100 g	**Kochschinken (ohne Hefeextrakt, Glutamat, Würze, E407)**	
800 g – 1 kg	**Pellkartoffeln, kalt, S. 100**	schälen, grob raffeln, zugeben
1 TL	**Salz ohne Jod / Fluor**	Etwas Salz darüber streuen

Bei mittlerer Hitze unter mehrmaligem Wenden 10-20 min goldgelb braten

Mit der Bratschaufel zu einem festen Kuchen formen

Ohne zu wenden weitere 10 min braten, bis sich unten eine goldbraune Kruste bildet

Einen großen Teller wie einen Deckel darauf legen, festhalten und mit der Pfanne kopfüber drehen

Pfanne zurück auf den Herd stellen und den Röstikuchen als Ganzes vom Teller zurück in die Pfanne gleiten lassen, um auch die andere Seite noch knusprig goldbraun zu braten

Material

Röstiraffel oder grobe Gemüseraffel

Variationen

Rohe oder nur halb gar gekochte Kartoffeln raffeln und braten (dauert etwas länger)

Passend zu

Geschnetzeltes (S. 91)

Salzkartoffeln, Petersilienkartoffeln

Rezept für 4 Portionen Histaminose, glutenfrei, laktosefrei

etwas	**Wasser**	in den (Schnell)Kochtopf füllen bis knapp zur Höhe des Siebeinsatzes
600-800 g	**Kartoffeln**	waschen, schälen, abspülen, in etwa gleich große Stücke schneiden und auf den Siebeinsatz legen Je kleiner die Stücke, desto kürzer die Garzeit
1 TL	**Salz ohne Jod / Fluor**	darüber streuen

Im Schnellkochtopf zubereiten (gemäß Herstellerangabe) oder in einem normalen Kochtopf zugedeckt etwa 10-20 min dämpfen

Gegen Ende der Garzeit testen, ob die Kartoffeln gar sind, indem man sie mit einem Messer oder einer Gabel ansticht. Sie sollten ohne Widerstand zu durchstechen sein.

Wasser abgießen. Erneut mit Salz bestreuen

evtl. etwas	**Butter**	in Flocken über die noch warmen Kartoffeln verteilen
evtl. etwas	**Petersilie**	gehackt darüber streuen

Material

Siebeinsatz für Kochtopf, evtl. Schnellkochtopf

Variationen

Ohne Siebeinsatz die Kartoffeln in leicht gesalzenem Wasser schwimmend kochen. Nach dem Garprozess das Wasser abgießen und die Kartoffeln auf dem Herd trocknen lassen (abdampfen)

Instant-Kartoffelpüree

Rezept für ca. 4 Portionen Histaminose, glutenfrei, laktosefreie Variante möglich

Mengen gemäß Herstellerangabe	**Wasser, Milch, Butter / Albaöl® / Rapsöl / Olivenöl, Salz ohne Jod / Fluor, (evtl. wenig Muskatnuss und Pfeffer)**	Nach Herstellerangabe (in einem kleinen Kochtopf erhitzen)
2 Beutel (z.B. 160 g)	**verträgliches Kartoffelpüreepulver (ohne Konservierungsstoffe, Hefeextrakte, Würze, Geschmacksverstärker)**	(in die Flüssigkeit geben, umrühren, kurz stehen lassen)

Rosmarinkartoffeln, Ofenkartoffeln mit Rosmarin

Rezept für 4 Portionen Histaminose, glutenfrei, laktosefrei

600 g – 1.2 kg	**Kartoffeln, klein bis mittelgroß**	waschen, evtl. schälen, je nach Größe halbieren, vierteln oder achteln
nach Belieben	**Würzmischung: Olivenöl, Salz ohne Jod / Fluor, Paprikapulver, mild, Kräuter der Provence-Mischung, Rosmarin frisch oder getrocknet, (evtl. wenig Knoblauchpulver), evtl. etwas Stärke / Reismehl**	in einer Schüssel gut vermischen (Salz muss sich nicht auflösen) Backblech mit Backpapier belegen Kartoffelschnitze in Würzmischung wenden und auf das Backpapier legen

In der Ofenmitte bei 200 °C (Umluft 180 °C) 30-40 min backen

Heiß servieren

Material

Backofen, Backblech mit Backpapier oder Grill mit Grillschale / Alufolie

Variationen

Noch ein paar geviertelte Karotten, Zucchini, Paprika, Rote Bete (roh) mitbacken

Fettreduzierte Variante für Linienbewusste: Wasser statt Öl

Ofen-Frites, Pommes frites im Backofen

Rezept für 4 Portionen Histaminose, glutenfrei, laktosefrei

600 g – 1 kg	**Tiefkühl-Ofenfrites**	nach Herstellerangaben zubereiten ODER: Backblech mit Backpapier belegen Tiefgekühlte Fritten gleichmäßig darauf verteilen In den auf 200 °C vorgeheizten Backofen geben Ca. 25 min auf der zweiten Rille goldgelb backen (Umluft-Ofen: ca. 20 min bei 180 °C) Nach der halben Zubereitungszeit wenden
etwas	**Salz ohne Jod / Fluor**	darüber streuen, heiß servieren

Material

Backofen, Backblech mit Backpapier

Anmerkungen

Bei den Ofenfrites auf unverträgliche Zutaten achten

Reisnudeln

Rezept für 4 Portionen Histaminose, glutenfrei, laktosefrei, fructosearm

1.2 Liter	**Wasser**	zum Kochen bringen
2 EL	**Salz ohne Jod / Fluor**	ins Wasser geben
ca. 200-400 g	**Reisnudeln**	einige Minuten kochen, bis die Nudeln weich genug sind

In ein Sieb abgießen und kurz mit kaltem Leitungswasser abspülen

Material

Pasta-Sieb bzw. Salatsieb

Variationen

Gemäß Herstellerangaben zubereiten.

Reis im Reiskocher

Grundrezept für 1 Portion* Histaminose, glutenfrei, laktosefrei, fructosearm

1 dl = 85 g	**Reis**	
1½ dl	**Wasser (oder nach Herstellerangabe)**	Zutaten in den Reiskocher geben Reiskocher einschalten und warten, bis er automatisch nach ca. 15 min ausschaltet Evtl. zwischendurch 1 bis 2 Mal umrühren
wenig	**Salz ohne Jod / Fluor**	

*) 1 Portion als Beilage = ca. 50-80 g = ca. 1 dl = ca. ½ Tasse;
1 Portion als Hauptgericht = ca. 100-120 g

Material

Reiskocher (kocht Reis automatisch so lange, bis er alle Flüssigkeit aufgenommen hat)

Variationen

Auf den Reis kann noch etwas verträgliches Gemüse gelegt werden, das im Dampf mitgegart wird. Je nachdem, wie gut es durchgegart werden soll, schon zu Beginn oder erst einige Minuten vor Ende der Kochzeit. Z.B. Chicorée der Länge nach geviertelt, Karotten in Scheiben, Broccoli zerkleinert, Paprika, ...

Auf das Gemüse können noch einige Scheiben Mozzarella gelegt werden.

Tipp: Reis schön anrichten

Gekochten Reis in eine kleine Schale oder Tasse füllen, festdrücken und dann diesen „Reiskuchen“ kopfüber auf den Teller stürzen. Mit gehackter Petersilie oder anderer Garnitur bestreuen.

Reis im Kochtopf

Grundrezept für 4 Portionen* Histaminose, glutenfrei, laktosefrei, fructosearm

6-7 dl	**Wasser**	zum Kochen bringen
1 TL	**Salz ohne Jod / Fluor**	beifügen
250 g = 3 dl	**Reis**	beifügen Bei kleiner Hitze kochen bis zur gewünschten Weichheit Nur selten umrühren; so bleibt er körnig. Kochzeit gemäß Angaben auf der Verpackung. Sie variiert je nach Reissorte (meist ca. 12-22 min).

*) 1 Portion als Beilage = ca. 50-80 g = ca. 1 dl = ca. ½ Tasse;
1 Portion als Hauptgericht = ca. 100-120 g

Anmerkungen

Für nicht klebenden Langkornreis kann man als alternative Zubereitungsmethode auch eine größere Wassermenge verwenden und am Schluss die überschüssige Flüssigkeit abgießen. Für klebende Rundkorn- und Mittelkorn-Reissorten macht diese Variante jedoch weniger Sinn.

Basmatireis vorher waschen, nicht umrühren, erst am Schluss vorsichtig lockern

Reis schön anrichten: gekochten Reis in eine kleine Schale oder Tasse füllen, festdrücken und dann diesen „Reiskuchen" kopfüber auf den Teller stürzen. Mit gehackter Petersilie oder anderer Garnitur bestreuen.

Gemüserisotto im Kochtopf

Grundrezept für 4 Portionen* Histaminose, glutenfrei, laktosefrei

½	**weiße Zwiebel**	
½	**Knoblauchzehe**	fein hacken
1 EL	**Rapsöl oder Olivenöl**	Im Öl glasig dünsten
ca. 300 g	**verträgliches Saisongemüse S. 204, klein geschnitten**	beifügen
250 g = 3 dl	**Mittelkornreis**	Unter ständigem Rühren kurz mitdünsten
6-7 dl	**Wasser**	ablöschen
2 TL	**Salz ohne Jod / Fluor**	würzen
nach Belieben	**Küchenkräuter, frisch oder getrocknet**	Unter gelegentlichem Umrühren bei kleiner Hitze kochen bis zur gewünschten Weichheit Bei Bedarf noch etwas zusätzliches Wasser nachgießen Kochzeit gemäß Angaben auf der Verpackung. Sie variiert je nach Reissorte (meist ca. 12-22 min).

*) 1 Portion als Beilage = ca. 50-80 g = ca. 1 dl = ca. ½ Tasse;
1 Portion als Hauptgericht = ca. 100-120 g

Anmerkungen

Bei Gerichten mit verschiedenen Gemüsearten gibt man diese zeitlich gestaffelt zu, je nach erforderlicher Garzeit der einzelnen Gemüsearten.

Polenta aus grobem Maisgrieß (Bramata)

Rezept für 4 Portionen Histaminose, kann Gluten enth., laktosefreie Variante

8 dl	**Wasser oder Milch & Wasser 1:1**	aufkochen
1 TL	**Salz ohne Jod / Fluor** **oder verträgliche Bouillon S. 62f**	würzen
200 g	**Maisgrieß grobkörnig, Bramata**	einrühren

Bei kleiner Hitze unter ständigem Umrühren ca. 30-60 min kochen (nach Herstellerangabe)

Wenn nötig während dem Kochen Flüssigkeit nachgießen. Die Polenta (=Maisbrei) sollte nicht zu trocken werden, sondern nach dem Kochen dickflüssig sein. Sie wird beim Abkühlen noch fester.

Nach Belieben **Butterflocken** oder **geriebenen Mozzarella** darüber geben

Anmerkungen

Eine richtige Bramata-Polenta zu kochen braucht zwar etwas Geduld, schmeckt aber dafür auch ganz anders als die unten beschriebenen zeitsparenden feinkörnigen Sorten.

Für Allergiker: Maisgrieß kann je nach Hersteller Gluten enthalten. Gegebenenfalls Deklaration beachten!

Variationen

4-5 EL Mascarpone beifügen, um den Maisbrei cremiger zu machen

Polenta aus mittelfeinem Maisgrieß

Wie oben beschrieben zubereiten, jedoch aus mittelfeinem Maisgrieß, der nur ca. 5-15 min (bzw. nach Herstellerangabe) unter gelegentlichem Umrühren gekocht werden muss

Polenta aus feinem Maisgrieß (2 Minuten)

Wie oben beschrieben zubereiten, jedoch aus feinem Maisgrieß („Zweiminutenpolenta“), der nur rund 2 min unter gelegentlichem Umrühren gekocht werden muss (Herstellerangabe)

Kornotto

Rezept für 4 Portionen* Histaminose, laktosefrei

ca. 1 Liter	**Wasser**	zum Kochen bringen
250 g ≈ 3 dl	**verträgliche Getreidekörner: z.B. UrDinkel, Emmer, Einkorn, Kamut**	beifügen Bei kleiner Hitze bis zur gewünschten Weichheit kochen Gelegentlich umrühren Kochzeit gemäß Angaben auf der Verpackung, ca. 30-40 min
etwas	**Salz ohne Jod / Fluor**	würzen, abschmecken

*) 1 Portion als Beilage = ca. 50-80 g = ca. 1 dl = ca. ½ Tasse;
1 Portion als Hauptgericht = ca. 100-120 g

Variationen

Der Schnellkochtopf verkürzt die Kochzeit. Zubereitung gemäß Herstellerangabe

Dazu passen z.B. Fenchel oder Karotten, die gleich im Schnellkochtopf unzerkleinert oder halbiert mitgekocht werden können.

Kalt für Salate verwendbar

Dinkelreis, vorgequellt, schnellkochend

Im Handel ist auch vorgequellter schnellkochender Dinkel erhältlich. Dieser kann genau wie Reis zubereitet werden (S. 106). Kochzeit gemäß Angaben auf der Verpackung, ca. 20 min

Hirsotto

Grundrezept für 4 Portionen Histaminose, laktosefrei

1 Liter	**Wasser**	Wasser zum Kochen bringen
etwas	**Salz ohne Jod / Fluor**	Würzen
250 g	**Hirsekörner**	beifügen Unter Umrühren 5 min bei kleiner Hitze kochen, danach 10 min ziehen lassen

Variationen

Einen Teil des Wassers durch Milch / verträgliche Gemüsebouillon (S. 62f) / verträgliche Fleischbouillon (S. 65) ersetzen oder 1 EL Olivenöl, Rapsöl oder Butter beifügen

Zuerst nach Belieben gehackte weiße Zwiebel, Knoblauch oder verträgliche Gemüsesorten kurz im heißen Öl andünsten. Anschließend wie oben beschrieben vorgehen

Anstatt Hirsekörner können auch Hirseflocken verwendet werden, die jedoch nicht gekocht, sondern nur heiß eingeweicht werden müssen

Teigwaren

Rezept für 4 Portionen Histaminose, glutenfrei, laktosefrei, fructosearm

2 Liter	**Wasser**	zum Kochen bringen
2 EL	**Salz ohne Jod / Fluor**	beifügen
ca. 400 g	**Teigwaren aus UrDinkel / Dinkel / Reis / Mais, ohne Eier**	einige Minuten bei kleiner Hitze im Salzwasser kochen, bis die Teigwaren bissfest sind

Wasser abgießen und gut abtropfen lassen

Material

Evtl. Pasta-Sieb bzw. Salatsieb

Variationen

Gemäß Herstellerangaben zubereiten

Gemüsebeilagen

Glasierte Karotten

Rezept für 4 Portionen Histaminose, glutenfrei, laktosefreie Variante

ca. 800 g	**Karotten, klein bis mittelgroß**	waschen, schälen, der Länge nach vierteln In 3 cm lange Stäbchen schneiden
ca. 20 g	**Kochbutter / Albaöl®**	in Kochtopf oder Bratpfanne erwärmen
1 EL	**Zucker**	zur flüssigen Butter geben
etwas	**Salz ohne Jod / Fluor**	Mit den Karotten bei mittlerer Hitze andünsten bis der Zucker zu karamellisieren beginnt
evtl. 1 Schuss	**histaminfreier Weißwein / Sekt / Frizzante**	
1-2 dl	**Wasser**	zum Ablöschen beifügen
evtl. einzelne	**Kümmelsamen**	beifügen
ca. 3-7 min zugedeckt knapp weich kochen Deckel entfernen und die Flüssigkeit zu einem Sirup einkochen		
nach Belieben	**gehackte Petersilie oder andere Kräuter**	beim Anrichten auf dem Teller darüber streuen

Fenchel, gedämpft

Rezept für 4 Portionen Histaminose, glutenfrei, laktosearm

etwas	**Wasser**	in einen Kochtopf (1-2 cm hoch)
ca. 800 g	**Fenchel**	waschen, vierteln, mit den Schnittflächen nach oben in den Kochtopf legen
2 Prisen	**Salz ohne Jod / Fluor oder verträgliche Bouillon S. 62f**	darüber streuen

Zugedeckt bei mittlerer und später bei kleiner Hitze ca. 20-30 min im Dampf bis zur gewünschten Weichheit garen (Gabelprobe)

Variationen

Butterflocken auf die Fenchelstücke legen

Im Schnellkochtopf auf den Siebeinsatz legen (kürzere Kochzeit)

Blumenkohl, gedämpft

Rezept für 4 Portionen Histaminose, glutenfrei, laktosefrei

etwas	**Wasser**	Kochtopf 1-2 cm hoch füllen
ca. 800 g	**Blumenkohl**	waschen, in Röschen zerteilen In den Kochtopf legen
2 Prisen	**Salz ohne Jod / Fluor**	darüber streuen

Zugedeckt bei mittlerer und später bei kleiner Hitze im Dampf einige Minuten bis zur gewünschten Weichheit kochen (Gabelprobe)

Variationen

Im Schnellkochtopf auf den Siebeinsatz legen (kürzere Kochzeit)

Dazu passen Béchamelsauce (S. 50), Kartoffeln oder Reis, Fleisch.

Spargel

Rezept für 4 Personen Histaminose, glutenfrei, laktosearm

2 Liter	**Wasser**	zum Kochen bringen
1 EL	**Salz ohne Jod / Fluor**	ins Wasser geben
wenig	**Butter**	
wenig	**Zucker**	zugeben
ca. 1 kg	**Spargel**	waschen, weißen Spargel gründlich, bei grünem Spargel nur den unteren verholzten Teil schälen

Zugedeckt bei kleiner Hitze bis zur gewünschten Weichheit kochen

Grüner Spargel: 15-20 min, weißer Spargel: 30-40 min

Material

Siebeinsatz, evtl. Schnellkochtopf

Variationen

Im Schnellkochtopf auf den Siebeinsatz legen und Wasser nur bis zum Siebeinsatz einfüllen (wird weniger ausgelaugt, kürzere Kochzeit: 5-10 min, Herstellerangabe)

Dazu passend

Salzkartoffeln (S. 102), Sauce Hollandaise (S. 53), verträglicher Kochschinken (ohne Hefeextrakt, Glutamat, Würze, Raucharoma, E407)

Rote Bete, Randen

Rezept für 4 Portionen Histaminose, glutenfrei, laktosefrei

ca. 800 g	**Rote Bete, gedämpft**	schälen, zerkleinern Nach Belieben würzen Erwärmen

Rote Bete findet man im Laden fertig gekocht und vakuumiert, geschält oder ungeschält.

Variationen

In Scheiben schneiden und bei mittlerer Hitze in wenig Öl oder Butter braten

Panieren (S. 93)

Mit Saucen verfeinern (S. 49ff)

Weißkohl, Weißkabis

Rezept für 4 Portionen Histaminose, glutenfrei, laktosearm

1 EL	**Rapsöl oder Butter**	in einem Kochtopf erhitzen
ca. 800 g	**Weißkohl**	waschen, in feine Streifen schneiden oder hobeln, beifügen
1 Prise	**Salz ohne Jod / Fluor oder verträgliche Bouillon S. 62f**	darüber streuen Zugedeckt bei mittlerer und später bei kleiner Hitze ca. 20-30 min im Dampf bis zur gewünschten Weichheit garen (Gabelprobe)
evtl. wenig	**Kümmel**	

Variationen

50 g verträglichen Kochschinken (ohne Hefeextrakt, Glutamat, Würze, Raucharoma, E407) in kleine Stückchen geschnitten mitkochen.

Im Schnellkochtopf auf den Siebeinsatz legen (kürzere Kochzeit)

Glühwein-Rotkraut, Rotkohlgemüse

Rezept für 4 Portionen Histaminose, glutenfrei, laktosefreie Variante möglich

ca. 500 g	**Rotkohl = Blaukabis**	sehr fein schneiden oder hobeln
1	**Apfel**	in kleine Stücke schneiden
evtl. 1 TL	**Zucker**	beifügen Im Schnellkochtopf 6 min oder im Kochtopf 20-30 min kochen
2 EL	**Alkoholessig 4,5 %**	
1 dl	**histaminfreier Rotwein**	
ca. 2 EL = 20 g	**Butter**	
wenige	**Wacholderbeeren**	
je 1	**Gewürznelke, Lorbeerblatt**	
(wenig	**Zimtpulver)**	
2 TL	**Salz ohne Jod / Fluor**	
evtl. 1 dl	**Rahm / Sahne ohne Zusatzstoffe**	nach dem Kochen zugeben zum Verfeinern

Evtl. 1 EL **Johannisbeergelee / Preiselbeerkonfitüre** darunter mischen / dazu servieren

Material

Schnellkochtopf von Vorteil

Variationen

Dazu passen z.B. Kartoffeln, karamellisierte Maroni (S. 199) und Braten (S. 148ff).

Peperonata

Rezept für 4 Portionen Histaminose, glutenfrei, laktosefrei

½ dl	**Olivenöl**	in einer Bratpfanne erhitzen
evtl. ½	**weiße Zwiebel, grob gehackt**	
(evtl. 1	**Knoblauchzehe, sehr fein gehackt)**	andünsten
4 Stück	**Paprika, z.B. 2 rote, 1 gelbe, 1 grüne**	waschen, entkernen In ca. 2-4 cm große Stücke schneiden Dazu geben und braten
(ganz wenig	**Chili oder Pfeffer)**	
nach Belieben	**Küchenkräuter, frisch oder getrocknet: z.B. Rosmarin, Kräuter der Provence**	
2 Prisen	**Salz ohne Jod / Fluor**	darüber streuen

Schmeckt sowohl warm wie auch kalt

Variationen

Zum Schluss mit einem kleinen Schuss histaminfreiem Weißwein, weißem Traubensaft oder Apfelsaft ablöschen und diesen etwas einkochen lassen

Ratatouille

Rezept für 4 Portionen Histaminose, glutenfrei, laktosefrei

4-6 EL	**Olivenöl**	in einer Bratpfanne erhitzen
½	**weiße Zwiebel, grob gehackt**	
(evtl. 1	**Knoblauchzehe, sehr fein gehackt)**	andünsten
4 Stück	**Paprika: z.B. 2 rote, 1 gelbe, 1 grüne**	waschen, entkernen In ca. 2 cm große Stücke schneiden Dazu geben und wenige Minuten anbraten
1 Schuss	**histaminfreier Rotwein**	zum Ablöschen zugeben Ohne Deckel 15 min auf mittlerer bis kleiner Stufe köcheln lassen
nach Belieben	**Küchenkräuter, frisch oder getrocknet: z.B. Basilikum, Rosmarin, Thymian, Bohnenkraut, Oregano**	
(evtl. wenig	**Pfeffer, fein gemahlen)**	
2 Prisen	**Salz ohne Jod / Fluor**	dazu geben
ca. 1 mittlere	**Zucchini, im Winter saisonal durch Kürbis ersetzen**	in grobe Würfel schneiden Mit den Paprika vermischen

Weitere 10 min zugedeckt bei kleiner Hitze garen

Variationen

Ein kleines Döschen Maiskörner darunter mischen

Mit Kornotto (S. 109) oder Hirsotto (S. 110) vermischen und kalt, mit Alkoholessig und klein geschnittenen Pfefferminzblättchen abgeschmeckt, als Salat servieren

Zucchini, gedämpft

Rezept für 4 Portionen Histaminose, glutenfrei, laktosefrei

etwas	**Wasser**	in einen Kochtopf füllen bis zur Höhe des Siebeinsatzes
ca. 800 g	**Zucchini**	waschen In Scheiben hobeln oder würfeln
etwas	**Bohnenkraut oder Kräuter der Provence, frisch oder getrocknet**	darüber streuen Zugedeckt bei großer Hitze zum Kochen bringen 5-10 min bei reduzierter Hitze bis zur gewünschten Weichheit dämpfen
2 Prisen	**Salz ohne Jod / Fluor**	
(evtl. wenig	**Koriander)**	

Kochwasser als Suppe, als Getränk oder für eine Sauce weiter verwenden

Material

Kochtopf, wenn möglich mit Siebeinsatz, oder Mikrowelle

Zucchini, gebraten, in Essig eingelegt

Rezept für 4 Portionen Histaminose, glutenfrei, laktosefrei

4 EL	**Olivenöl**	Gemüse waschen Zerkleinern In einer Bratpfanne im heißen Öl braten Gelegentlich wenden
ca. 1 mittlere	**Zucchini, im Winter saisonal durch Kürbis ersetzen**	
evtl. 1	**Paprika, Spitzpaprika**	
evtl. etwas	**Blumenkohl**	
(evtl. wenig	**Knoblauchpulver)**	kurz mitbraten
2 Schuss	**histaminfreier Weißwein / Sekt**	ablöschen
Ohne Deckel bei mittlerer Hitze etwas einkochen lassen		
nach Belieben	**Küchenkräuter, frisch oder getrocknet: z.B. Basilikum, Rosmarin, Thymian, Bohnenkraut, Oregano**	dazu geben Gut vermischen Abkühlen lassen Einige h im Kühlschrank marinieren
2 Prisen	**Salz ohne Jod / Fluor**	
ca. 6 EL	**Alkoholessig 4,5 %**	

Kalt servieren als Vorspeise, als Beilage oder in Salate gemischt

Broccoli, gedämpft

Rezept für 4 Portionen Histaminose, glutenfrei, laktosefrei

etwas	**Wasser**	in einen (Schnell)Kochtopf füllen bis zur Höhe des Siebeinsatzes Zum Kochen bringen
ca. 800 g	**Broccoli**	waschen, in Röschen zerteilen auf den Siebeinsatz legen
2 Prisen	**Salz ohne Jod / Fluor**	darüber streuen

Zugedeckt bei kleiner Hitze im Dampf 15-20 Minuten bis zur gewünschten Weichheit kochen (Gabelprobe)

Kochwasser anderweitig verwenden, z.B. als Suppe, als Getränk, für Saucen, ...

Variationen

(1 EL Mandelblättchen, in der Bratpfanne hellbraun geröstet, darüber streuen)

Broccoli, gebraten

Rezept für 4 Portionen Histaminose, glutenfrei, laktosefrei

ca. 2 Liter	**Wasser**	
ca. 1 TL	**Salz ohne Jod / Fluor**	Salzwasser zum Kochen bringen
ca. 800 g	**Broccoli**	waschen, in kleine Röschen zerteilen 3 min im kochenden Salzwasser blanchieren Sofort in kaltem Salzwasser abschrecken
etwas	**Bohnenkraut / Kräuter der Provence**	
2 Prisen	**Salz ohne Jod / Fluor**	
2 Prisen	**Zucker**	
(evtl. wenig	**Koriander)**	darüber streuen
2 EL	**erhitzbares Rapsöl**	in eine heiße Bratpfanne geben

Broccoli unter gelegentlichem Wenden rundum braten bis er leicht gebräunt wird

Variationen

Wer es lieber knackiger mag: ohne Blanchieren direkt in die Bratpfanne geben

Artischocken

Rezept für 4 Personen Histaminose, glutenfrei, (Laktose: je nach Sauce)

1 Topf voll	**Wasser**	Wasser zum Kochen bringen, salzen
etwas	**Salz ohne Jod / Fluor**	Artischocken gut waschen Evtl. Blattspitzen mit der Schere abschneiden Stiele abschneiden und mitkochen
4	**Artischocken**	

Die ganzen Artischocken ca. 30-40 min im gesalzenen Wasser kochen (oder im Schnellkochtopf: Wasser nur bis knapp zum Siebeinsatz einfüllen, Artischocken darauf legen und 14 min oder nach Herstellerangabe kochen).
Währenddessen:

nach Belieben	**Sauce Béarnaise oder Hollandaise S. 53f**	zubereiten

Artischocken heiß servieren

Die Blätter von unten her einzeln abzupfen

Deren dickes Ende in eine Sauce tunken

Dann das Blatt zwischen den Zähnen hindurch ziehen, um das zarte Gewebe vom zähen Blattteil, den man weg wirft, abzustreifen

Evtl. das „Heu“ am Blütenboden entfernen. Je nach Entwicklungsstand der Blüte ist dieses nicht besonders zum Verzehr geeignet. Der Blütenboden selbst ist hingegen eine Delikatesse. Auch das Mark der Stiele kann schmackhaft sein.

Material

Evtl. Schnellkochtopf

Anmerkungen

Artischocken wenn nötig mit dem Topfdeckel beschweren, um das Auftauchen zu verhindern

Rohkost-Gemüseteller

Rezept Histaminose, glutenfrei, (laktosefreie Variante möglich)

nach Belieben	**verträgliches rohkostgeeignetes Gemüse:** **z.B.** **Blattsalate,** **Chinakohl,** **Chicorée,** **Fenchel,** **Stangensellerie,** **Karotten,** **Paprika,** **Radieschen,** **milder Bierrettich,** **wenig weiße Zwiebel,** **Zucchini,** **Salatgurke,** **Rotkohl, Weißkohl, Spitzkohl,** **grüner Spargel,** **gedämpfte Randen**	je nach Sorte und nach Belieben in mundgerechte Stücke schneiden, hobeln oder raffeln

Entweder pur genießen oder nach Belieben mit weiteren Zutaten ergänzen und mit Saucen verfeinern:

Dipsaucen (S. 58f), Ajvar (S. 56), Salatsaucen (S. 76f), Béchamelsauce (S. 50), Quark, oder einfach mit etwas Raps- oder Leinöl beträufeln und mit Salz ohne Jod / Fluor bestreuen

Mit frischen, tiefgekühlten oder getrockneten Kräutern verfeinern: z.B. Basilikum, Petersilie, Thymian, Oregano, Bohnenkraut

Dazu z.B. Pellkartoffeln, Frischkäse und verträglichen Kochschinken (ohne Hefeextrakt, Glutamat, Würze, E407) servieren

Chicorée oder Pak Choi, gedämpft

Rezept für 4 Portionen Histaminose, glutenfrei, laktosefrei

etwas	**Wasser**	in Kochtopf füllen bis zum Siebeinsatz zum Kochen bringen
ca. 1 kg	**Chicorée oder Pak Choi**	waschen Der Länge nach halbieren oder vierteln Auf Siebeinsatz (oder ins Wasser) legen
2 Prisen	**Salz ohne Jod / Fluor**	darüber streuen

Zugedeckt bei kleiner Hitze im Dampf ca. 8 bis 20 min bis zur gewünschten Weichheit kochen

Material

Siebeinsatz von Vorteil

Variationen

Den fertig gedämpften Chicorée mit der Schnittfläche nach oben auf dem Teller anrichten, 40-60 g Butter schmelzen und heiß über das Gemüse gießen.

Ebenso können auch **Radicchio** und **Cicorino Rosso** zubereitet werden.

Chicorée oder Pak Choi, gebraten

Rezept für 4 Portionen Histaminose, glutenfrei, laktosefrei

etwas	**Olivenöl**	in der Bratpfanne erhitzen
ca. 1 kg	**Chicorée**	waschen, der Länge nach halbieren / vierteln Mit der Schnittfläche nach oben portionenweise in die Bratpfanne legen
2 Prisen	**Salz ohne Jod / Fluor**	darüber streuen

Zuerst bei mittlerer bis großer Hitze 5 min leicht anbräunen, danach zugedeckt bei kleiner Hitze im Dampf 10-20 min bis zur gewünschten Weichheit kochen

Variationen

Zusammen mit Fleisch in der gleichen Pfanne braten oder etwas Ziegenfrischkäse darüber geben sorgt für ein kräftiges Aroma.

Ebenso können auch **Radicchio** und **Cicorino Rosso** zubereitet werden.

Würziger Backofen-Kürbis

Rezept für 4 Personen — Histaminose, glutenfrei, laktosefrei

ca. 1 kg	**Kürbis, z.B. Hokkaido**	vorbereiten: Fasern und Kerne entfernen, schälen In große Stücke schneiden Auf ein mit Backpapier belegtes Backblech legen
Backofen auf 220°C vorheizen		
6 EL	**Olivenöl**	miteinander vermischen Die Hälfte der Würzmischung für später beiseite stellen; mit dem Rest die Kürbisstücke bestreichen
1 TL	**Kümmel, gemahlen oder im Mörser zerrieben**	
(etwas	**Knoblauchpulver)**	
etwas	**Salz ohne Jod / Fluor**	
(evtl. wenig	**Pfeffer)**	
(wenig	**Ingwerpulver)**	
evtl. etwas	**Curcumapulver**	
1 Handvoll	**Chia-Samen = Salvia hispanica**	darüber streuen

Bei 200°C mit Umluft oder 220°C ohne Umluft 20-25 min auf der zweituntersten Rille backen. Nach der halben Backzeit herausnehmen, wenden, erneut mit der Würzmischung bestreichen und wieder in den Ofen schieben

Variationen

Dazu passen z.B. Minzen-Dip (S. 59) und knusprig gebratene Lammkoteletts.

Anmerkungen

Die Chia-Samen (Mexikanische Chia, *Salvia hispanica*) sind besonders reich an Omega-3-Fettsäuren, hochwertigem Protein, Vitaminen, Antioxidantien, Mineralstoffen und Ballaststoffen. Sie sind im Reformhaus erhältlich.

Hauptmahlzeiten

Siedfleischsuppe

Rezept für 4 Portionen Histaminose, glutenfrei, laktosefrei

1 kleine	**weiße Zwiebel**	Zwiebel schälen, halbieren, mit Lorbeerblatt und Gewürznelken bestecken
1	**Lorbeerblatt**	
1-2	**Gewürznelken**	
2 EL	**Rapsöl / Olivenöl**	Im (Schnell)Kochtopf zusammen mit dem Fleisch und den Knochen kurz in Öl anbraten
1 Stück ≈500 g	**Siedfleisch, mager oder durchzogen**	
evtl. 1-4	**Markbeine, Knochenstücke mit Mark**	
ca. 5 dl	**Wasser**	zugeben (Fleisch etwa zur Hälfte im Wasser)
etwas	**Salz ohne Jod / Fluor**	zugeben
Im Schnellkochtopf 40 min kochen, im normalen Kochtopf 1½ h. Währenddessen:		
nach Belieben	**verträgliche Gemüse: z.B. Karotten, Zucchini, Pastinaken, Paprika, Spitzkohl oder Weißkohl, (wenig Knoblauch)**	vorbereiten, zerkleinern Die Gemüsearten mit langer Garzeit kleiner schneiden als jene mit kurzer Garzeit
ca. 400-800 g	**Kartoffeln**	
Schnellkochtopf abkühlen lassen, bis der Deckel geöffnet werden kann		
1 EL	**verträgliche Gemüsebouillon S. 62f**	Kartoffeln & Gemüse beifügen, würzen
(evtl. wenig	**Pfeffer)**	
Im Schnellkochtopf weitere 6 min kochen, oder im normalen Kochtopf 20-30 min		
etwas	**Petersilie, gehackt, frisch / tiefgekühlt**	vor dem Servieren darüber streuen

Das Ergebnis ist eine nahrhafte Suppe, die als vollwertige Mahlzeit dienen kann.

Material

Schnellkochtopf von Vorteil. Ohne Schnellkochtopf ist die Kochzeit wesentlich länger (ca. 2 h).

Variationen

Manche kochen das Gemüse gleich lang oder sogar länger als das Fleisch und salzen es erst nach dem Kochen, um einen intensiveren Gemüsebouillongeschmack zu erhalten. Die kürzere Kochzeit ist aber vitaminschonender. Das Siedfleisch muss hingegen so lange gekocht werden, damit es nicht zäh ist.

Fischsuppe

Rezept für 4 Portionen Histaminose, glutenfrei, laktosefrei

ca. 5 dl	**Wasser**	Kartoffeln und Gemüse klein schneiden Wasser zum Kochen bringen Kartoffeln und Gemüse zugeben
ca. 500 g	**Kartoffeln**	
ca. 300 g	**verträgliche saisonale Gemüse:** **z.B. Kartoffeln, Zucchini, Broccoli, Karotten, Spitzkohl oder Weißkohl, Pastinaken, weiße Zwiebel, Paprika, (wenig Knoblauch)**	
etwas	**Salz ohne Jod / Fluor**	zugeben Ca. 10-20 min bei mittlerer Hitze fast gar kochen
1 EL	**verträgliche Gemüsebouillon S. 62f**	
1 EL	**Rapsöl**	
nach Belieben	**Kräuter: z.B. Petersilie, (Dillspitzen)**	
ca. 4-6 Stück	**Fischfilets, tiefgekühlt**	gefroren zugeben (Fisch nie langsam auftauen lassen!)

Weiter kochen, bis der Fisch aufgetaut ist

Auf kleiner Stufe wenige Minuten weiter ziehen lassen

Das Ergebnis ist eine nahrhafte Suppe, die als vollwertige Mahlzeit dienen kann.

Anmerkungen

Der Fisch muss fangfrisch eingefroren worden sein. Auch in tiefgekühltem Fisch bildet sich mit der Zeit Histamin, deshalb nicht zu lange lagern. Wer Meeresfisch nicht verträgt, versuche es mit Süßwasserfisch.

Fisch nicht zu lange kochen, sonst fällt er auseinander.

Gulasch

Rezept für 4 Portionen Histaminose, glutenfreie & laktosefreie Variante möglich

2 EL	**Olivenöl oder hoch erhitzbares Rapsöl**	
ca. 400-500 g	**Rindsragout (Rindfleisch in ca. 3-4 cm großen Würfeln)**	portionenweise im heißen Öl hellbraun anbraten
2	**weiße Zwiebeln**	schälen, grob hacken
(evtl. wenig	**Knoblauchpulver)**	Zum Fleisch geben und andünsten
ca. 2 EL	**Paprikapulver, mild**	
1 EL	**UrDinkelmehl / Reismehl / Stärke**	
evtl. einige	**Kümmelsamen**	kurz mitdünsten
evtl. ½ dl	**histaminfreier Rotwein**	
3 dl	**Wasser**	zum Ablöschen
3 EL	**verträgliche Gemüsebouillon S. 62f**	
etwas	**Salz ohne Jod / Fluor**	
evtl. wenig	**Pfeffer**	würzen / abschmecken
Zugedeckt bei kleiner bis mittlerer Hitze ca. 90 min garen. Nach 70 min:		
ca. 400-500 g	**Kartoffeln, festkochende Sorte**	in kleine Würfel schneiden
1-2	**rote Paprika**	ca. 20 min vor Ende der Kochzeit zugeben
1 Handvoll	**Petersilie, frisch / tiefgekühlt**	hacken Vor dem Servieren darüber streuen

Material

Schnellkochtopf von Vorteil (Kochzeit insgesamt nur 20 min oder gemäß Herstellerangabe)

Variationen

Nach dem Kochen mit Sahne ohne Zusatzstoffe verfeinern (oder mit saurer Sahne, sofern ausreichend verträglich). Zum Verdicken kann man vorher noch etwas Stärke mit der kalten Sahne verrühren.

Reisnudeln mit Chicorée

Rezept für 4 Portionen Histaminose, glutenfrei, vegetarisch

2 Liter	**Wasser**	Chicorée der Länge nach halbieren oder vierteln
1 EL	**Salz ohne Jod / Fluor**	Mit den Reisnudeln ins schwach kochende Salzwasser geben
2-4 Stück	**Chicorée**	Reisnudeln ca. 5-10 min kochen nach Herstellerangaben bzw. bis die gewünschte Festigkeit erreicht ist
400-500 g	**Reisnudeln**	

Alles in ein Sieb abgießen und ganz kurz mit kaltem Wasser abspülen, um den Reisnudeln den Reisgeschmack zu nehmen und um das Zusammenkleben zu verhindern

ca. 200 g	**Frischkäse ohne Zusatzstoffe**	Nudeln und Chicorée im Teller nebeneinander anrichten und den streichfähigen Frischkäse darüber geben

Nach Belieben z.B. mit (Schnittlauch), (Knoblauchpulver), mildem Paprikapulver würzen

Spargelrisotto

Rezept für 4 Portionen Histaminose, glutenfrei, laktosefreie Variante möglich

2 EL	**Rapsöl oder Butter**	erhitzen
½-1	**weiße Zwiebel, gehackt**	zugeben und unter ständigem Mischen kurz andünsten
250 g = 3 dl	**Risottoreis, Rundkornreis**	
1 dl	**histaminfreier Weißwein / Frizzante / Sekt, Traubensaft oder Wasser**	zum Ablöschen zugeben
6-7 dl	**Wasser**	zugeben
ca. 10 Stück	**grüner Spargel**	vorbereiten

Die untere Hälfte des Spargels falls nötig mit dem Sparschäler oder Messer von der zähen äußeren Haut befreien

Spargel nach Belieben in 2 cm lange oder kürzere Stücke schneiden (im zäheren unteren Teil eher kürzere Stücke schneiden als im zarten oberen Teil, damit sie gleich schnell durchgegart sind)

Die Spargelspitzen beiseitelegen, den restlichen Spargel in den Kochtopf geben

1 TL	**Salz ohne Jod / Fluor**	zugeben

Auf mittlerer bis niedriger Kochstufe unter gelegentlichem Umrühren ca. 20 min weiter kochen, bis das Risotto sämig und der Reis bissfest ist (zwischendurch probieren oder nach Kochzeitangabe des Herstellers)

In den letzten 10 min die Spargelspitzen zugeben. Nur noch behutsam umrühren

nach Belieben	**Rahm / Sahne ohne Zusatzstoffe oder Mascarpone**	zum Verfeinern

Kürbis-Hirsotto

Rezept für 4 Portionen Histaminose, laktosefreie Variante möglich

5½ dl	**Wasser**	in einem kleinen Kochtopf zum Kochen bringen
250 g	**Hirsekörner**	5 min im Wasser kochen, dann noch 10 min quellen lassen
500 g	**Kürbis**	entkernen, schälen (ist bei Hokkaidokürbis nicht nötig) In kleine Würfel schneiden
2 EL	**Rapsöl oder Butter**	in einem großen Kochtopf bei mittlerer bis hoher Hitze andünsten Kürbis dazu geben und mitbraten
½	**weiße Zwiebel, fein gehackt**	
(evtl. etwas	**Knoblauch(pulver))**	
1 dl	**Milch / Wasser**	dazu gießen und bei kleiner Hitze kochen, bis der Kürbis weich ist

Hirse zugeben. Nach und nach bei kleiner Hitze Wasser einrühren, bis das Hirsotto sämig ist

2 EL	**verträgliche Bratensauce S. 65 oder etwas Salz ohne Jod / Fluor**	abschmecken
(evtl. wenig	**Pfeffer, fein gemahlen)**	
evtl.	**geriebener Mozzarella**	darüber streuen
etwas	**Petersilie, frisch**	zum Garnieren

Schwarzwurzeln oder Zucchini mit Hirsekruste

Rezept für 4 Personen Histaminose

etwas	**Wasser**	Eine Schale halb mit Wasser füllen und 1-2 EL Alkoholessig dazu geben
2 EL	**Alkoholessig 4,5 %**	
ca. 1½ kg	**Schwarzwurzeln, frisch, roh**	

Schwarzwurzeln unter fließendem kaltem Wasser schälen (Gummihandschuhe verhindern, dass die austretende Wurzelmilch die Finger verklebt.)
Wurzeln sofort nach dem Schälen ins Essigwasser legen

reichlich	**Wasser**	Salzwasser aufkochen
1 EL	**Salz ohne Jod / Fluor**	Wurzeln 10-12 min darin bissfest kochen, Kochwasser wegschütten, abtropfen lassen
3 dl	**Wasser**	Hirse in Bouillon 5-10 min kochen
2 EL	**verträgliche Bouillon S. 62f**	In einem Sieb abtropfen lassen
100 g	**Hirsekörner**	

Backofen vorheizen auf 200 °C (Umluft 180 °C)

½ Bund	**Petersilie**	waschen, Wasser abschütteln, fein hacken
ca. 50 g	**geriebener Mozzarella**	
4 EL	**Rahm / Sahne ohne Zusatzstoffe**	
einige Zweige	**Thymian, nur die Blättchen**	
(evtl. 1 EL	**gemahlene Mandeln)**	
etwas	**Salz ohne Jod / Fluor**	mit der Hirse und der Petersilie vermischen
(evtl. wenig	**Pfeffer)**	
2 EL = 20 g	**Butter**	ofenfeste Form einfetten

Abgetropfte Schwarzwurzeln hinein legen, Hirsemischung darauf verteilen
Einige Butterflöckchen darüber geben

In der Ofenmitte 20-25 min backen bei 200 °C (Umluft 180 °C)

Material

Backofen, feuerfeste Form, evtl. Gummi- oder Latexhandschuhe

Variationen

Im Sommer **Zucchini** anstatt Schwarzwurzeln verwenden (ohne vorkochen).

Käse: Etwas aromatischer ist ein junger(!) Gouda in kleinen Würfeln.

Paella

Rezept für 4 Portionen Histaminose, glutenfrei, laktosefrei

ca. 600 g	**Geflügelteile und evtl. Hühnerherzen**	
2 TL	**Salz ohne Jod / Fluor**	
etwas	**Thymian**	
etwas	**Paprikapulver, mild**	
(evtl. wenig	**Pfeffer)**	würzen
2 EL	**Rapsöl / Olivenöl**	erhitzen
Fleisch bei mittlerer Hitze rundum anbraten, herausnehmen und beiseite stellen		
1	**weiße Zwiebel**	vorbereiten, zerkleinern
(1-2	**Knoblauchzehen)**	In die Pfanne geben
2	**rote Spitzpaprika**	Bei kleiner bis mittlerer Hitze anbraten
evtl. 1 Schuss	**histaminfreier Weißwein**	
2 dl	**Wasser**	ablöschen
Geflügelteile zugeben. Bei kleiner Hitze zugedeckt 30-40 min schmoren lassen		
200 g	**Rundkornreis, z.B. Vialone, Arborio**	
3-4 dl	**Wasser**	20 min vor Ende der Kochzeit beifügen
½ TL	**Safranfäden**	Gelegentlich umrühren
ca. 100 g	**(Erbsen / Kefen) oder zerkleinerte Zucchini**	5 min vor Ende der Kochzeit beifügen

Material

große hohe Bratpfanne oder Wok

Anmerkungen

Siehe Tipps zur optimalen Zubereitung von Safran auf S. 51

Variationen

Hülsenfrüchte (Erbsen, Kefen) sind oft nur in kleinen Mengen verträglich. Je nach individueller Verträglichkeit durch Zucchini-Würfelchen oder Broccoli ersetzen

Zusätzlich etwas **tiefgekühlten Fisch** oder verträglichen **Kochschinken** (ohne Hefeextrakt, Glutamat, Würze, E407, Raucharoma) kurz vor Ende der Kochzeit zerkleinert zugeben

(Keine Meeresfrüchte / Schalentiere / Krebstiere verwenden!)

Zuckerhut-Gemüse mit Schinken und Kartoffeln

Rezept für 4 Portionen* Histaminose, glutenfrei, laktosearm

1 dl	**Olivenöl**	in großem Kochtopf erhitzen
2	**weiße Zwiebeln, gehackt**	
(evtl. wenig	**Knoblauchpulver)**	
ca. 200 g	**verträglicher Kochschinken (ohne Hefeextrakt, Glutamat, Würze, Raucharoma, E407)**	unter ständigem Wenden kurz im heißen Öl andünsten
ca. 600 g	**Kartoffeln, in sehr kleinen Würfeln (ca. 1 cm)**	kurz danach zugeben und im heißen Öl bei kleiner Hitze 10 min dünsten Gelegentlich umrühren
2 bis 4 dl	**histaminfreier Weißwein / Sekt / Frizzante**	zum Ablöschen dazu gießen Alkohol verdampfen lassen
2-4 TL	**Kümmelsamen**	
½ TL	**Salz ohne Jod / Fluor**	dazu geben
ca. 1 kg	**Zuckerhut oder Endivien oder Chicorée, je nach Saison**	in Streifen schneiden In lauwarmem, gesalzenem und leicht gezuckertem Wasser waschen Abtropfen lassen, trocken schütteln In den Kochtopf geben und 10 min zugedeckt mitkochen

Verwendung: heiß als Gemüsebeilage oder als Hauptmahlzeit, lauwarm oder kalt als Salat

Variationen

1 kleine Dose Maiskörner darunter mischen

Anmerkungen

*) Der geschnittene Salat beansprucht sehr viel Platz im Kochtopf, bis er zusammenfällt. Daher müssen größere Mengen portionenweise zubereitet werden.

Zuckerhut ist ein leicht bitterer Wintersalat. Die Bitterstoffe gelten als gesund. Wer den bitteren Geschmack nicht mag, kann den geschnittenen Salat 10 min im gesalzenen und leicht gezuckerten Waschwasser liegen lassen, um Bitterstoffe zu entziehen. Dabei geht aber auch ein Teil der Vitamine und Mineralstoffe verloren.

Geschnetzeltes mit Tiefkühlgemüse & Pommes

Rezept für 4 Personen Histaminose, glutenfreie und laktosefreie Variante möglich

4 Portionen	**Tiefkühl-Ofenfrites**	zubereiten wie auf S. 104 beschrieben. Währenddessen:
2-4 EL	**Olivenöl**	in einer Bratpfanne erhitzen
ca. 400 g	**geschnetzeltes Fleisch: teure zarte bindegewebsarme Qualität vom Kalb, Rind, Schwein oder Geflügel, für die Zubereitung à la minute**	portionenweise im heißen Öl ca. 3 min bei großer Hitze anbraten: zuerst unbewegt einseitig anbräunen, dann ab und zu wenden und mischen Aus der Pfanne nehmen, beiseite stellen
1	**weiße Zwiebel, gehackt**	bei mittlerer Hitze dünsten
400-800 g	**verträgliche Tiefkühl-Gemüsemischung**	gefroren dazu geben Weiter dünsten
4 EL	**UrDinkelmehl oder Stärke**	mit dem Teesieb darüber streuen und kurz mitbraten ODER in der kalten Flüssigkeit verrühren, die man zum Ablöschen verwendet
evtl. ½ dl	**histaminfreier Weißwein**	ablöschen
4-6 dl	**Wasser oder eine verträgliche Bouillon S. 62f**	ablöschen
nach Belieben	**Gewürze: z.B. Salz ohne Jod / Fluor, Rosmarin, Thymian, mildes Paprikapulver**	dazu geben Auf kleiner Stufe unter gelegentlichem Umrühren zugedeckt schmoren lassen Wenn nötig Wasser nachgießen
evtl. 1 dl	**Rahm / Sahne ohne Zusatzstoffe**	beifügen zum Verfeinern Das Fleisch nun wieder dazu geben Erwärmen

Variationen:

Günstigere bindegewebsreiche Fleischqualitäten etwas länger anbraten und anschließend in der Flüssigkeit schmoren, gemäß Beratung durch den Metzger. Schmorzeiten: Kalb und Geflügel 5-8 min, Schwein 15-20 min, Rind 30-40 min

Kartoffel-Gemüse-Gratin

Rezept für 4 Portionen Histaminose, glutenfrei

ca. 600 g	**Kartoffeln, festkochende Sorte**	waschen, schälen und in 1 cm große Würfel schneiden
ca. 800 g	**verträgliche Gemüsearten nach Belieben, z.B. Karotten, Blumenkohl, Broccoli, Fenchel, Spargel, Paprika, Pastinaken, weiße Zwiebel, Chicorée**	
(evtl. etwas	**Knoblauch oder Knoblauchpulver)**	waschen, vorbereiten, zerkleinern
1 Liter	**Wasser**	
1 TL	**Salz ohne Jod / Fluor oder verträgliche Gemüsebouillon S. 62f**	aufkochen

Gemüse und Kartoffeln 8-10 min in der Bouillon blanchieren

Mit einer Lochkelle herausfischen und in eine (evtl. mit **Butter oder Öl** eingeriebene) Gratinform geben. 1 dl Bouillon für den Guss aufheben

Backofen auf 200 °C vorheizen

Guss:

1 EL	**Stärke**	
1	**Eigelb**	
2 dl	**Milch oder Rahm ohne Zusatzstoffe**	
1 dl	**der oben zubereiteten Bouillon**	
½ TL	**Salz ohne Jod / Fluor oder verträgliche Gemüsebouillon S. 62f**	
80 g	**geriebener Mozzarella / Ziegenfrischkäse / Frischkäse ohne unverträgliche Zusatzstoffe**	
etwas	**Kräuter, frisch oder getrocknet: z.B. Oregano / Kräuter der Provence**	klumpenfrei verrühren
ganz wenig	**Muskatnuss, gemahlen / gerieben**	Darüber gießen

In der Ofenmitte ca. 20 min backen bei 200 °C (Umluft: 180 °C)

Material

Lochkelle oder ähnliches, Backofen, Gratinform

Zucchini-Kartoffel-Gratin

Rezept für 4 Portionen Histaminose, glutenfrei

wenig	**Butter**	Form einfetten
ca. 600 g	**Pellkartoffeln S. 100, festkochende Sorte**	
ca. 400 g	**Zucchini**	in dünne Scheiben schneiden
300 g	**Rahmquark**	
200 g	**geriebener Mozzarella**	vermischen
2	**Eigelb, verquirlt**	Kartoffeln und Zucchini lagenweise in die Form füllen und über jede Lage etwas von der Füllung verteilen
4 EL	**Milch**	
nach Belieben	**Kräuter**	Im auf 200 °C vorgeheizten Ofen ca. 25-35 min backen
1 TL	**Salz ohne Jod / Fluor**	

Material

Feuerfeste flache Form, Backofen

Lasagne

Rezept für 4 Personen bzw. 1 Ofenform Histaminose, glutenfreie Variante

2 EL	**Olivenöl oder Bratbutter**	in der Bratpfanne erhitzen
ca. 1 kg	**verträgliches Gemüse: z.B. Paprika, Karotten, Kürbis, Broccoli, Stangensellerie, weiße Zwiebel, evtl. wenig Dosenmais**	klein geschnitten beifügen Anbraten
½ dl	**histaminfreier Wein**	ablöschen, zur Hälfte eindampfen lassen
nach Belieben	**Salz ohne Jod / Fluor, Küchenkräuter, Paprikapulver mild, Knoblauchpulver, (evtl. wenig Pfeffer)**	würzen zugedeckt garen

Sollte das Gemüse zu flüssig sein, kann man etwas Stärke oder UrDinkelmehl über das heiße Gemüse stäuben und gut mischen, um die Flüssigkeit zu binden.

ca. 500 ml	**Béchamel- oder weiße Schinkensauce, S. 51**	zubereiten
ca. 200 g	**verträgliche Teigblätter oder breite Bandnudeln (siehe unten)**	
ca. 150 g	**geriebener Mozzarella (oder einige Scheiben junger(!) Gouda)**	verwenden wie folgt:

Gemüse, Teigblätter und weisse Sauce abwechslungsweise in dünnen Lagen in eine feuerfeste flache Ofenform einschichten

Mit Käse bedecken

In der Ofenmitte bei 200 °C (Umluft: 180 °C) ca. 40 min backen, bis eine leicht gebräunte Kruste entstanden ist

Material

Backofen, feuerfeste flache Form

Anmerkungen

Lasagne-Teigblätter aus Dinkel ohne Ei sind schwer zu finden und teuer (Reformhaus). Im Asia-Shop kann man hauchdünnes Reispapier oder Teigblätter aus Reismehl und evtl. Tapiokastärke finden. Ferner eignen sich Pfannkuchen (S. 145), extra breite Reisnudeln, glutenfreie Lasagneblätter oder sonstige Teigwaren (die je nach individueller Verträglichkeit ggf. eifrei und weizenfrei sein sollten).

Variationen

Als Proteinquelle zusammen mit dem Gemüse noch etwas zerkleinerten Panir (S. 201) oder geschnetzeltes Geflügelfleisch mitbraten

Ricotta-Gnocchi

Rezept für 4 Portionen Histaminose, vegetarisch

360 g	**UrDinkelmehl**	
80 g	**geriebener Mozzarella**	
2 TL = 10 g	**Salz ohne Jod / Fluor**	in einer Schüssel vermischen
500 g	**Ricotta**	dazu geben, zu einem glatten Teig verkneten
2	**Eigelb**	Den Teig in etwa fingerdicke Rollen rollen
120 g	**Quark**	Davon kleine Stücke abschneiden/abstechen
etwas	**Butter / Rapsöl / Olivenöl**	
1-2 kleine	**Zucchini**	
1	**Paprika**	
2 Prisen	**Salz ohne Jod / Fluor**	
(evtl. wenig	**Knoblauchpulver)**	Klein gewürfeltes Gemüse in einer hohen Bratpfanne bei mittlerer Hitze andünsten

Währenddessen ungefähr 6 dl Wasser zum Kochen bringen

Gnocchi ins schwach kochende Wasser geben (evtl. portionenweise), einmal kurz umrühren, damit sie nicht zusammenkleben

Je nach Größe mindestens ca. 2 min ziehen lassen, bis sie aufsteigen

Wasser abgießen (oder die obenauf schwimmenden Gnocchi mit einer Schaumkelle aus dem Wasser nehmen) und abtropfen lassen

Gnocchi in die Bratpfanne geben, mit dem Gemüse vermischen und bei großer Hitze unter gelegentlichem Wenden kurz anbraten

Variationen

Gemüse durch **Kürbis** ersetzen und in der Butter 2-3 **Salbeiblätter** kurz mitbraten

Anmerkungen

Schnell und einfach, weil ohne Kartoffeln. Klebt nicht

Pasta mit Hähnchenstreifen und Frischkäse-Sauce

Rezept für 4 Portionen Histaminose, glutenfreie Variante möglich

2 EL	**Olivenöl**	
500 g	**geschnetzeltes Hähnchenfleisch oder Hähnchenbrust in Streifen geschnitten**	in einer Bratpfanne ca. 5 min im heißen Öl anbraten Salzen und würzen
etwas	**Salz ohne Jod / Fluor**	Aus der Pfanne nehmen
1 EL	**Olivenöl**	in der Bratpfanne erhitzen
1	**rote Spitzpaprika, in kleinen Würfeln**	
1 kleine	**Zucchini, in kleinen Würfeln**	anbraten
1 dl	**Wasser oder histaminfreier Weißwein / Frizzante / Sekt**	ablöschen Etwas einköcheln lassen
400 g	**streichfähiger Frischkäse (ohne Konservierungsstoffe, Stabilisator, Verdickungsmittel, Jod)**	mit dem Gemüse vermischen Fleisch dazu geben und kurz erhitzen
Teigwaren:		
2 Liter	**Wasser**	zum Kochen bringen
2 EL	**Salz ohne Jod / Fluor**	beifügen
ca. 400 g	**Teigwaren aus UrDinkel / Dinkel / Reis / Mais, ohne Eier**	nach Herstellerangabe einige Minuten bei kleiner Hitze im Salzwasser kochen, bis die Teigwaren bissfest sind

Alles mit den Teigwaren vermischen und servieren

Asiatisch angehauchte Pfanne

Rezept für 4 Portionen Histaminose, glutenfrei, laktosefreie Variante

2 EL	**hoch erhitzbares Rapsöl / Bratbutter**	
500 g	**geschnetzeltes Hähnchenfleisch oder Putenbrust in Streifen geschnitten**	Mit Mehl bestäubtes Fleisch in einer Bratpfanne ca. 5 min im heißen Öl anbraten
etwas	**Stärke oder Reismehl**	Salzen und würzen
etwas	**Salz ohne Jod / Fluor**	Aus der Pfanne nehmen
2 EL	**hoch erhitzbares Rapsöl / Bratbutter**	Gemüse vorbereiten, zerkleinern
1	**weiße Zwiebel**	In derselben Bratpfanne kurz im heißen Öl braten
3 Stück	**Pak Choi oder 400 g Chinakohl**	Würzen
1 Schuss	**histaminfreier Weißwein**	ablöschen, verdampfen lassen
4	**Pellkartoffeln vom Vortag S. 100 oder Reisnudeln S. 104**	zugeben und kurz mitbraten Das gebratene Fleisch beifügen
6 dl	**süß-saure gelbe Curcuma-Sauce S. 52**	darunter mischen

Anmerkungen

Der Pak Choi kann mitsamt den grünen Blättern verwendet werden.

Variationen

Anstatt die gelbe süß-saure Sauce separat zuzubereiten, kann man deren Zutaten auch direkt beifügen: **Curcuma, Pfeffer, Knoblauchpulver, (evtl. Ingwer), Zucker und Alkoholessig** beifügen und abschmecken.

Vegetarische Variante: Fleisch ersetzen durch Panir (S. 201), der aber erst ganz zum Schluss beim Anrichten dazu gegeben wird.

Spaghetti Carbonara

Rezept für 4 Portionen Histaminose, (glutenfreie Variante möglich)

4	**Eigelb von frischen Eiern**	
3 dl	**Rahm / Sahne ohne Zusatzstoffe**	
100 g	**geriebener Mozzarella klein gehackt / Ziegenfrischkäse**	
etwas	**Salz ohne Jod / Fluor**	
(evtl. wenig	**Pfeffer)**	
evtl. wenig	**Knoblauchpulver**	verquirlen
evtl. etwas	**Petersilie, gehackt**	Beiseite stellen
500 g	**Spaghetti aus Dinkel / Reis / Mais, (ohne Eier)**	nach Herstellerangabe im Salzwasser bissfest kochen Wasser weggießen Spaghetti beiseite stellen Währenddessen:
300 g	**Kochschinken (ohne Hefeextrakt, Glutamat, Würze, E407)**	in kleine Stücke schneiden Im heißen Öl leicht knusprig braten
2 EL	**Rapsöl**	

Die abgetropften Spaghetti im Kochtopf auf die noch warme, aber ausgeschaltete Herdplatte stellen

Sofort gebratenen Schinken und die Ei-Sahne-Mischung über die noch sehr heißen Spaghetti geben und mischen, bis das Ei anfängt zu binden. (Nicht erwärmen, da sonst das Ei gerinnt!)

Mit Basilikumblättern garnieren und warm servieren

Variationen

In Asia-Shops findet man evtl. spaghettiförmige Reisnudeln.

Spaghetti Carbonara ohne Ei

Weiße Schinkensauce (S. 51) über die gekochten Spaghetti geben, evtl. mit etwas gehackter Petersilie, garniert mit Basilikumblättern

Spaghetti al Pesto, Basilikum-Pesto

Rezept für 4 Portionen Histaminose, glutenfreie Variante möglich

1-2 TL	**Salz ohne Jod / Fluor**	
40 g	**Basilikum, frisch**	
evtl. etwas	**Petersilie, frisch**	
ca. 80-100 g	**Macadamia-Nüsse**	
40 g	**geriebener Mozzarella**	in dieser Reihenfolge im Mörser zerreiben, zerstampfen oder sehr fein hacken
40 g	**Ziegenfrischkäse**	
etwas	**Olivenöl**	
(evtl. wenig	**Knoblauchpulver)**	beifügen und gut vermengen
2 Liter	**Wasser**	zum Kochen bringen
1 EL	**Salz ohne Jod / Fluor**	beifügen
evtl. ca. 200 g	**Kartoffeln, festkochende Sorte**	waschen, schälen, in 1 cm große Würfel schneiden, beifügen, ca. 5 min bei kleiner Hitze kochen
evtl. ca. 300 g	**Broccoli oder Zucchini**	zerkleinern, beifügen
400-600 g	**UrDinkelteigwaren, glutenfreie Spaghetti oder Reisnudeln (ohne Eier)**	beifügen Kochen bis sie bissfest sind

Alles durch ein Sieb abgießen und dabei einige EL Kochwasser aufheben

Die abgetropften Teigwaren zurück in den Kochtopf geben

$^{2}/_{3}$ des Pestos mit heißen Teigwaren und etwas Kochwasser vermischen (nicht kochen).

Auf Tellern anrichten. Restliches Pesto als Garnitur über die Teigwaren geben

Material

Evtl. Mörser

Anmerkungen

Knoblauchpulver ist besser verträglich als frische Knoblauchzehen, die nicht roh gegessen werden sollten.

Macadamia-Nüsse findet man in den meisten Supermärkten geröstet und gesalzen bei den Snacks. Die üblicherweise verwendeten Pinienkerne könnten evtl. in kleinen Mengen ebenfalls ausreichend verträglich sein.

Variationen

Ausserhalb der Saison kann Basilikum durch Petersilie ersetzt werden.

Älpler-Magronen

Rezept für 4 Personen Histaminose

500 g	**Kartoffeln, festkochend**	waschen, schälen, ca. 1 cm klein würfeln
1 Liter	**Wasser**	
1 TL	**Salz ohne Jod / Fluor**	Im Salzwasser 10-12 min kochen*
200 g	**UrDinkel-Teigwaren: Hörnli oder Magronen**	zu den Kartoffeln geben und nach Herstellerangaben knapp bissfest kochen Wasser abgießen
1-2	**Äpfel**	in kleine Würfel schneiden
ca. 20 g = 2 EL	**Butter**	In warmer Butter anbraten
2 dl	**Rahm / Sahne ohne Zusatzstoffe oder Milch**	
etwas	**Salz ohne Jod / Fluor**	zugeben, aufkochen, würzen
(evtl. wenig	**Pfeffer)**	Zu den Teigwaren und Kartoffeln geben
ganz wenig	**Muskatnuss**	Sorgfältig mischen
1	**weiße Zwiebel**	
3 EL	**UrDinkelmehl / Stärke / Reismehl**	Zwiebel in Ringe schneiden, in Mehl wenden und in Butter knusprig braun
etwas	**Butter / Bratbutter**	rösten
200 g	**(Gouda, jung(!)) oder geriebener Mozzarella**	in kleinen Würfelchen bzw. gerieben unter die heiße Speise mischen

Auf Tellern anrichten, mit den Zwiebelringen garnieren und sofort servieren

Anmerkungen

*) Wie lange man die Kartoffeln vor der Zugabe der Teigwaren vorkochen soll, ist abhängig von der Kochzeit der Teigwaren (Herstellerangabe). Die Kochzeit der Kartoffeln sollte insgesamt ca. 20 min betragen.

Variationen

An Stelle der gebratenen Apfelstückchen kann man auch Apfelmus (ohne unverträgliche Zutaten / Zusatzstoffe) vor dem Servieren darüber geben oder separat dazu servieren.

Crêpes / Pfannkuchen

Nature oder gefüllt, salzig oder süß

Rezept für 4 Portionen Histaminose, laktosefreie Variante möglich

8 dl	**Milch und / oder Wasser**	Mit dem Schneebesen die Milch mit dem Eigelb und danach mit dem Mehl und dem Salz verquirlen Den dünnflüssigen Teig 30 min ruhen lassen
8	**Eigelb**	
400 g	**UrDinkelmehl**	
nach Belieben	**Salz ohne Jod / Fluor**	
1 TL	**Olivenöl oder Bratfett / Bratbutter**	Bratpfanne erhitzen, wenig Öl beifügen So viel Teig in die Pfanne gießen, dass der ganze Pfannenboden mit einer dünnen Schicht knapp bedeckt ist Goldbraun braten (ca. 2-3 min pro Seite)
nach Belieben	**Zutaten für die süße oder salzige Füllung, siehe unten**	Die noch heißen Pfannkuchen einseitig dünn mit kalter / heißer Füllung bestreichen, einrollen und warm / kalt servieren

Material

Große flache Bratpfanne, Schneebesen

Salzige Füllungen:

- Gebratenes Gemüse, z.B. geraffelte Karotten, Kräuter, mildes Paprikapulver, (Knoblauchpulver) mit etwas Quark / streichfähigem Frischkäse vermengen
- 1-2 Scheiben verträglicher Kochschinken (ohne Hefeextrakt, Glutamat, Würze, E407), 1 dünne Scheibe junger (!) Gouda oder etwas Frischkäse

Süße Füllungen:

- Mit Zucker (und Zimt) bestreuen
- Eine verträgliche Beeren- oder Fruchtsorte mit Quark mischen (z.B. Äpfel, Heidelbeeren, Brombeeren, Johannisbeeren, Kirschen, Kaki, Aprikose, Nektarine, Pfirsich, Melone)
- Mit Agavendicksaft / Ahornsirup / Konfitüre aus verträglichen Früchten (evtl. ohne Citronensäure) / Honig bestreichen

Anmerkungen

Nur hoch erhitzbares Öl verwenden (bis 180° erhitzbar, steht meistens auf der Flasche)

Pfannkuchen / Fajitas / Tortillas de harina

Rezept für 4 Portionen Histaminose, (laktosefreie Variante möglich)

- **Teig:**

ca. 8 dl	**Milch / Wasser**	
4	**Eigelb**	
ca. 400 g	**UrDinkel-mehl**	mit dem Schneebesen die Milch mit dem Eigelb und danach mit dem Mehl und dem Salz verquirlen Den dünnflüssigen Teig 30 min ruhen lassen
1-2 TL	**Salz ohne Jod / Fluor**	
etwas	**Olivenöl / Bratfett / Bratbutter**	Eine große flache Bratpfanne bei mittlerer bis großer Hitze erhitzen und wenig Öl oder Fett hinein geben Vom Teig so viel in die Mitte der Bratpfanne gießen, dass sich damit der ganze Boden dünn bedecken lässt. Wenn nötig den Teig sofort durch langsames Schwenken der Pfanne gleichmäßiger verteilen bis an den Rand hinaus Nach Belieben: unverzüglich mit geriebenem Mozzarella bestreuen, solange der Teig noch flüssig ist
evtl. etwas	**geriebener Mozza-rella**	

Den Teigfladen wenden, sobald er fest und leicht goldbraun ist
Weiter braten, bis auch die zweite Seite leicht goldbraun ist
Einen großen, flachen Teller auf eine Herdplatte stellen und auf der niedrigsten Stufe (Warmhaltestufe) einschalten. Darauf die fertigen Pfannkuchen stapeln

Füllung: siehe nächste Seite

Material

Große flache Bratpfanne, evtl. Schneebesen

Anmerkungen

Der Teig soll einerseits ausreichend dickflüssig werden, um genügende Reißfestigkeit zu erreichen, aber doch dünnflüssig genug, so dass er in der Bratpfanne zu einem möglichst dünnen Fladen zerfließt.

- **Füllung:**

ca. 400 g	**Geschnetzeltes: Geflügel / Rind / Kalb / Schwein**	Fleisch in der Bratpfanne mit etwas Öl heiß anbraten
etwas	**Olivenöl oder Bratbutter**	Aus der Pfanne nehmen und zugedeckt warm stellen
ca. 400 g	**verträgl. Gemüse, klein geschnitten: z.B. Karotten, Süßkartoffeln, Pastinaken, Paprika, Zucchini, weiße Zwiebel, evtl. wenig Dosenmais**	in die Pfanne geben und braten evtl. etwas Öl nachgießen
1 dl	**histaminfreier Wein / Wasser**	ablöschen
2 dl	**Rahm / Sahne ohne Zusatzstoffe**	Die Stärke und die Gewürze mit dem Schneebesen im kalten Rahm verquirlen In der Pfanne mit dem Fleisch und dem Gemüse vermischen Bei kleiner Hitze unter Umrühren weiter ziehen lassen
2 EL	**Stärke, z.B. Maisstärke**	
2-3 EL	**Paprikapulver, mild**	
½ TL	**Salz ohne Jod / Fluor**	
(etwas	**Knoblauchpulver)**	
nach Belieben	**Küchenkräuter: z.B. Petersilie, Kräuter der Provence**	

Füllen und rollen

1. Füllung nur im linken oberen Bereich auftragen wie unten abgebildet
2. Von links her einrollen bis zur Mitte, dann das untere Stück nach oben klappen. So verhindert man, dass die Füllung unten heraus laufen kann, wenn man die Rolle in der Hand hält.
3. Weiter rollen

Schweinebraten, Schweinshalsbraten

Rezept für 4 Portionen Histaminose, glutenfrei, laktosefrei

etwas	**Olivenöl**	Gemüse schälen und in nicht zu kleine Stücke schneiden In einer kleinen Schüssel mit dem Öl vermengen Auf dem Backblech verteilen
einige	**Kartoffeln mehligkochend**	
einige	**Karotten**	
evtl. etwas	**weiße Zwiebel**	
evtl. etwas	**Paprika**	
(evtl. etwas	**Knoblauch)**	
1 Stück	**Schweinshals**	Gegebenenfalls die Schwarte mehrmals gitter- oder rautenförmig einschneiden (nicht tiefer als die Schwartendicke)
reichlich	**Salz ohne Jod / Fluor**	Fleisch rundherum gut salzen und würzen
wenig	**Paprikapulver, mild**	
wenig	**Majoran / Thymian / Rosmarin / Oregano**	
Im auf 180° vorgeheizten Backofen: Fleisch auf ein Gitter in der Ofenmitte legen Darunter ein Backblech platzieren		
ca. 1 EL	**verträgliche Gemüsebouillon S. 62f**	in 1½ dl Wasser verrühren (Evtl. andicken mit 1 TL Mehl / Stärke) Nach 45 min über den Braten und ins Backblech gießen und im Backofen weiter garen lassen (insgesamt ca. 1½ h)

Den Braten quer zum Faserverlauf in Scheiben schneiden und mit dem Gemüse und etwas Sauce auf den Tellern anrichten

Material

Backofen, Backblech, evtl. Backpapier

Saftiger Schmorbraten im Kochtopf

Rezept für 4 Portionen Histaminose, glutenfrei, laktosefrei

2	**weiße Zwiebeln**	hacken
etwas	**Olivenöl**	in Kochtopf / Bratpfanne erhitzen
1 Stück (ca. ½ – 1 kg)	**Bratenfleisch: Schwein, Rind, Kalb, Lamm**	im heißen Fett rundherum gut anbraten Herausnehmen und beiseite stellen

Die gehackten Zwiebeln glasig braten

Fleisch zurück in den Topf auf die Zwiebeln legen

evtl. ½ dl	**histaminfreier Wein**	ablöschen, zur Hälfte eindampfen lassen
2 dl	**Wasser mit 2 TL verträglicher Gemüsebrühe S. 62f**	
etwas	**Salz ohne Jod / Fluor**	
nach Belieben	**Kräuter: z.B. Majoran / Thymian / Rosmarin / Oregano**	beifügen abschmecken

Aufkochen, dann zugedeckt bei kleiner Hitze 1½ bis 2 h köcheln lassen

Fleisch entnehmen, quer zum Faserverlauf in Scheiben schneiden und auf den Tellern oder einer Platte anrichten

Die Sauce durch ein Passiersieb in ein Gefäß gießen und die Zwiebelstückchen mit einem Löffel durch das Sieb drücken

Sauce über das Fleisch verteilen

Dazu z.B. Salzkartoffeln (S. 102) und Rotkraut (S. 115) oder Mischgemüse servieren

Material

Evtl. Passiersieb

Variationen

Im Schnellkochtopf lässt sich die Kochzeit stark verkürzen. Kochzeit gemäß Herstellerangabe

Sauerbraten im Kochtopf

Rezept für 4 Portionen Histaminose, glutenfrei, laktosefrei

1	**weiße Zwiebel**	
2	**Karotten**	
evtl. ½	**Pastinake**	waschen
etwas	**Stangensellerie / Petersilie**	Grob zerkleinern
1	**Lorbeerblatt**	
6	**Wacholderbeeren**	
1-2	**Gewürznelken**	
(ganz wenig	**Zimt)**	
(evtl. wenig	**Knoblauchpulver)**	
1½ dl	**Alkoholessig 4,5 %**	
3-4 dl	**histaminfreier Rotwein**	
2 TL	**Zucker**	mit dem Wurzelgemüse in eine
etwas	**Salz ohne Jod / Fluor**	Schüssel geben
1 Stück (ca. ½–1 kg)	**Bratenfleisch vom Rind aus der Keule, z.B. falsches Filet**	Ggf. die weiße Sehnenschicht von der Oberfläche wegschneiden

Fleisch in obiger Marinade einlegen, so dass es vollständig in der Flüssigkeit liegt
Mit Klarsichtfolie abdecken
3 bis 6 Tage im Nullgradbereich des Kühlschranks marinieren (1 Tag pro 2 cm Ø)

Fortsetzung auf der nächsten Seite...

2	**weiße Zwiebeln**	schälen, hacken
etwas	**Olivenöl**	in einer hohen Bratpfanne erhitzen

Fleisch abtropfen lassen (Marinade aufheben für später) und im heißen Öl rundherum anbraten

Zwiebeln dazu geben und rösten, bis sie deutlich angebräunt sind

3 EL	**flüssiger Honig oder Agavendicksaft**	dazu geben und kurz karamellisieren lassen

Die Marinade, in der das Fleisch eingelegt war, durch ein Sieb in die Bratpfanne gießen

etwas	**verträgliche Bratensauce / Gemüsebrühe S. 62ff**	beifügen

Deckel aufsetzen und bei mittlerer bis kleiner Hitze ca. 2 Stunden schmoren

Nach der Hälfte der Zeit das Fleisch einmal umdrehen

Nach dem Kochen das Fleisch mit Alufolie bedeckt warm stellen

Die Sauce in ein geeignetes Gefäß umfüllen und mit dem Mixer pürieren

½ TL	**Stärke**	in der Sauce verrühren
(1 Handvoll	**Rosinen) / Cranberries / Dörraprikosen, ungeschwefelt(!)**	Unter Umrühren kurz aufkochen

Fleisch quer zum Faserverlauf in Scheiben schneiden und auf Tellern oder auf einer Platte anrichten

Sauce über das Fleisch verteilen

Dazu z.B. Salzkartoffeln (S. 102) und Rotkraut (S. 115) oder Mischgemüse servieren

Material

Passiersieb, Mixer mit Pürieraufsatz

Anmerkungen

Die Verträglichkeit wird beeinflusst durch: Histamingehalt des Alkoholessigs und des Weins, Frische des Fleisches, Lagertemperatur und Lagerdauer im Kühlschrank, Menge und individuelle Verträglichkeit der verwendeten Gewürze und Dörrfrüchte (für Salicylat-Empfindliche) und natürlich von der Verzehrsmenge.

Saftiger Braten im Backofen

Rezept für 3-6 Personen Histaminose, glutenfrei, laktosefrei

4-6 EL	**Olivenöl oder Bratbutter**	in Bratpfanne erhitzen
1 Stück (ca. ½ – 1 kg)	**Bratenfleisch: Schwein, Rind, Kalb, Lamm, mit Fett durchzogen oder an einem Knochen**	rundherum heiß anbraten, bis es eine knusprige Kruste hat
reichlich	**Salz ohne Jod / Fluor**	Fleisch in einer feuerfesten Form (oder auf dem Backblech) rundherum gut salzen und würzen
wenig	**Paprikapulver, mild**	
wenig	**Majoran / Thymian / Rosmarin / Oregano**	

Im auf 90-180 °C vorgeheizten Backofen in die Ofenmitte schieben (je tiefer die Temperatur, desto besser das Resultat, aber umso länger dauert es)

Ca. 1-2 h schmoren bis die richtige Kerntemperatur erreicht ist (Schweinsbraten 75-85 °C, Rinderbraten 80-90 °C, Kalbsbraten 64-74 °C, Lamm 80-85 °C). Gemessen wird mit einem Backofenthermometer, dessen Spitze man genau bis in die Mitte des Fleischstücks sticht.

Bei Erreichen der Kerntemperatur sofort aus dem Ofen nehmen und kurz ruhen lassen

Den Braten in Scheiben schneiden und mit Beilagen auf den Tellern anrichten

Material

Backofen, feuerfeste Form oder Backblech, Backofenthermometer

Variationen

Dazu serviert man z.B. Bratensauce (S. 65),
eine Gemüsegarnitur wie in den vorhergehenden Bratenrezepten beschrieben oder Salzkartoffeln (S. 102) und Rotkraut (S. 115)

Reiseproviant, Picknick

Frischkäse mit Tortilla-Chips und Rohkostgemüse

Rezept für 1-2 Portionen Histaminose, glutenfrei

1 kleine Tüte	**Tortilla-Chips = Mais-Chips oder Kartoffelchips nature**	
1 Stück	**Mozzarella / Quark nature / Ziegenfrischkäse / streichfähiger Frischkäse (ohne Konservierungsstoffe, Verdickungsmittel, Stabilisator, Jod)**	
nach Belieben	**verträgliches Rohkostgemüse: z.B. Paprika / Spitzpaprika / Karotte / Salatgurke / Fenchel / Chicorée / Blattsalate / Chinakohl / Stangensellerie / Radieschen / milder Bierrettich / Zucchini / Rotkohl / Weißkohl / Spitzkohl / grüner Spargel / gedämpfte Randen**	Gemüse waschen und vorbereiten

Ein Picknick, das unterwegs in fast jedem Supermarkt erhältlich ist. Nach dem Kauf entweder sehr bald konsumieren oder das Milchprodukt gekühlt aufbewahren

Material

Evtl. Taschenmesser

Variationen

Zum Nachtisch einen Apfel oder eine verträgliche andere Frucht oder Beeren nach Saison (S. 205)

Anmerkungen

Nur Chips ohne Geschmacksverstärker (Glutamate, Hefeextrakt) und ohne Jodsalz wählen

Auch Hüttenkäse wäre im Prinzip geeignet. Je nach Land enthalten jedoch die meisten Hüttenkäse unverträgliche Verdickungsmittel (Guarkernmehl E412, Johannisbrotkernmehl E410, Carrageen E407), vereinzelt sogar Konservierungsstoffe, Geschmacksverstärker oder Jod. Wählen Sie ein verträgliches Produkt.

Schinkensandwich und Rohkostgemüse

Rezept für 1 Portion Histaminose, glutenfrei, (laktosefreie Variante möglich)

2 oder 4 Scheiben	**selbstgebackenes / verträgliches Brot S. 165ff**	Zu einem Sandwich zusammenfügen
2-6 Scheiben	**Kochschinken (ohne Hefeextrakt, Glutamat, Würze, Raucharoma, E407)**	
etwas	**Mascarpone oder Butter**	
(1 Scheibe	**junger(!) Gouda) oder Mozzarella**	
nach Belieben	**frisches Basilikum oder andere Kräuter**	
nach Belieben	**Salatblatt, Salatgurke, Radieschen**	
evtl. etwas	**verträgliches Rohkostgemüse: z.B. Paprika / Karotte / Salatgurke / Fenchel / Chicorée / Blattsalate / Chinakohl / Stangensellerie / Radieschen / milder Bierrettich / Zucchini / Rotkohl / Weißkohl / Spitzkohl / grüner Spargel / gedämpfte Randen**	waschen, vorbereiten Roh dazu essen

Material

Evtl. Taschenmesser

Variationen

Zum Nachtisch einen Apfel oder anderes verträgliches Obst / Beeren nach Saison

Anmerkungen

Gekühlt transportieren oder erst kurz vor dem Verzehr unterwegs einkaufen!

Nur Kochschinken ohne Geschmacksverstärker (Glutamate, Hefeextrakt, Würze/Würzmischung o.ä.), ohne E407 und ohne Jodsalz wählen! Kein Rohschinken!

Maiskolben vom Grill, Folienkartoffeln

Rezept für 1 Person Histaminose, glutenfrei, laktosefrei

4-6	**Zuckermaiskolben, roh oder pasteurisiert**	
etwas	**Rapsöl / Olivenöl / Butter**	Maiskolben rundherum einfetten
nach Belieben	**Kräuter, frisch oder getrocknet: z.B. Kräuter der Provence**	zusammenmischen und den Kolben rundherum damit bestreuen
(nach Belieben	**Knoblauchpulver)**	In Alufolie einwickeln
etwas	**Salz ohne Jod / Fluor**	In Alufolie verpackt auf den Grill legen, damit er im eigenen Dampf gart und nicht verkohlt bei zu großer Hitze
etwas	**Paprikapulver, mild**	
(evtl. wenig	**Pfeffer)**	Mehrmals wenden

Dazu können gleich noch ein paar **Folienkartoffeln** (in Alufolie eingewickelte rohe Kartoffeln) mitgegart werden.

Material

Grill / Feuer, Alufolie, evtl. Grillzange

Variationen

Roher Mais muss sehr lange garen. Kauft man die Maiskolben roh, kann man sie bereits zu Hause etwas im Dampf vorgaren, damit sie weniger lang über dem Grillfeuer schmoren müssen. Am besten zugedeckt in einem Kochtopf, dessen Boden mit Wasser bedeckt ist, oder in der Mikrowelle zugedeckt in einem Teller mit etwas Wasser

Grillgemüse in Alufolie

Rezept für 1 Person Histaminose, glutenfrei, laktosefrei

nach Belieben	**verschiedene verträgliche Gemüse, z.B. Babykartoffeln, Süßkartoffeln, Zucchini, Paprika, Karotten, weiße Zwiebel, Kürbis, Blumenkohl, Stangensellerie, Rote Bete**	waschen und etwas zerkleinern. Je kleiner, desto schneller ist es gar. Das Gemüse mit langer Garzeit kleiner schneiden als dasjenige mit kurzer Garzeit.
nach Belieben	**Küchenkräuter, frisch oder getrocknet, z.B. Rosmarin, Salbei, Thymian, Oregano, Bohnenkraut, etc.**	mit dem Gemüse vermischen und in Alufolie zu einem oder mehreren flachen Paketen verpacken
evtl. wenig	**Olivenöl oder Bratbutter**	
1-2 Portionen	**Dip-Sauce, selbst gemacht S. 58ff**	dazu servieren
etwas	**Salz ohne Jod / Fluor**	

Pakete nebeneinander auf den Grill legen bis sie gar sind. Evtl. auf der Oberseite eine Möglichkeit schaffen, ab und zu hinein zu schauen. Die Unterseite sollte hingegen dicht sein, damit kein Saft in die Glut tropft (Rauchentwicklung).

Material

Alufolie, Grill / Feuer, evtl. Grillrost, Grillzange

Backwaren

Diverse selbst gemachte Backwaren (S. 165ff) eignen sich zum Mitnehmen für unterwegs: z.B. Brot, Gemüsestrudel, Wähen, etc.

Salate

Diverse selbst zubereitete Salate (S. 75ff) eignen sich zum Mitnehmen für unterwegs: z.B. Fenchelsalat, Karottensalat, Rote-Bete-Salat, Gurkensalat, Paprikasalat, Teigwarensalat, gemischte Salate etc.

Bei welkenden Blattsalaten die Sauce erst kurz vor dem Verzehr darüber gießen.

Teigwaren mit hellroter Zucchinisauce

Geeignet für ungekühlten Transport und einfache Zubereitung auswärts

Vorbereitung für den Transport

Für die Teigwaren: verträgliche Nudeln und unjodiertes Salz mitnehmen

Für die Sauce: Stärke, Salz, Gewürze und Kräuter in ein kleines Döschen abfüllen

Öl und histaminfreien Weißwein je in ein kleines Fläschchen oder Gläschen abfüllen

Gemüse und Haltbar-Milch mitnehmen oder evtl. unterwegs einkaufen

Rezept für 2 Portionen Histaminose, glutenfreie Variante möglich, vegetarisch

1 kleine	**Zucchini**	waschen, der Länge nach vierteln und in kleine Stücke schneiden
evtl. ½	**weiße Zwiebel**	schälen, hacken
1 EL	**Rapsöl / Olivenöl / Butter**	Gemüse in einer Bratpfanne im heißen Fett/Öl anbraten
½ dl	**histaminfreier Weißwein**	ablöschen und den Alkohol verdampfen lassen
Gemüse zugedeckt 5-10 min bei kleiner Hitze garen		
5 dl	**Haltbar-Milch = UHT-Milch**	beifügen und sofort gut verrühren, damit keine Klumpen entstehen Unter Umrühren aufkochen Herdplatte ausschalten und stehen lassen, bis die Teigwaren fertig sind
2 EL	**Stärke**	
2 EL	**Paprikapulver, mild**	
etwas	**getrocknete Kräuter, z.B. Kräuter der Provence**	
ganz wenig	**Knoblauchpulver**	
1 TL	**Salz ohne Jod / Fluor**	
7 dl	**Wasser**	Teigwaren nach Herstellerangaben bissfest kochen Wasser abgießen
etwas	**Salz ohne Jod / Fluor**	
250 g	**verträgliche eifreie Teigwaren, z.B. aus UrDinkel, Reis, Mais**	
Teigwaren in Teller verteilen und mit der Sauce übergießen		

Material

Kochplatte oder Gaskocher, Bratpfanne, Kochtopf

Partysnacks, kaltes Buffet

Kalte Platte für Stehempfang und Party

Auswahl möglicher Zutaten Histaminose, teilweise laktosefrei

Stärkebeilagen:

- Pellkartoffeln = Gschwellti, warm oder kalt
- Verträgliche Kartoffel- oder Mais-Chipssorten (ohne Glutamat, ohne Hefeextrakt)
- Popcorn, gesalzen (ohne Jod / Fluor) oder gezuckert
- Reiswaffeln, Maiswaffeln
- Macadamia-Nüsse, gesalzen (ohne Jod / Fluor)
- verträgliche Focaccia (Variante von S. 170)
- oder andere geeignete Backwaren (S. 165ff)

Proteinquellen: (immer gut kühlen!)

- Quark mit Kräutern, Paprika, Salz (ohne Jod / Fluor)
- Dip-Saucen, selbst gemacht (S. 58ff)
- Mozzarellakügelchen oder Mozzarella in Scheiben geschnitten
- Streichfähiger Frischkäse oder Ziegenfrischkäse
- Junger(!) Gouda
- Kochschinken (ohne Glutamat, Würze, Hefeextrakt, E407, nicht geräuchert)
- Braten, in dünne Scheiben geschnitten, ohne Geschmacksverstärker, ohne Hefeextrakte, selbst gemacht, direkt aus dem Ofen oder gekühlt servieren

Gemüse: (mundgerechte Stücke, dazu ein Salzstreuer mit Salz ohne Jod / Fluor)

- Paprika
- Salatgurke
- Karotten
- Radieschen
- milder Bierrettich
- Stangensellerie
- Chicorée
- Chinakohl
- Fenchel
- weiße Zwiebel (nicht Küchenzwiebel)
- Zucchini
- Spargel
- gedämpfte Rote Bete
- Blattsalate
- weitere/gemischte Salate: S. 75ff

Früchte, Obst:

- Äpfel
- Melonen
- Kaki
- Aprikosen
- Pfirsiche
- Nektarinen
- Kirschen
- Brombeeren
- Heidelbeeren
- Johannisbeeren
- Cassis
- (evtl. Kokosnuss/-raspel)

Dörrfrüchte (ungeschwefelt, ohne Konservierungsstoffe):

- Aprikosen, Äpfel, Cranberries

Getränke:

- Ein Krug mit Leitungswasser
- Mineralwasser ohne Kohlensäure
- Tee: Zitronenmelissentee, Goldmelissentee, Lindenblütentee, Eisenkraut- / Verveinetee, Rooibostee, (Pfefferminztee)
- Traubensaft (ohne Konservierungsstoffe, ungeschwefelt, nicht gärend)
- Apfelsaft
- Cranberrynektar, Pfirsichnektar
- Milch, heiß oder gekühlt

Material

Zahnstocher zum Aufspießen

Anmerkungen

SEHR WICHTIG: Verderbliches, das gekühlt werden muss, erst beim Eintreffen der Gäste aus dem Kühlschrank nehmen, an einem kühlen Ort platzieren (ohne Sonneneinstrahlung, nicht neben Kerzen, Rechauds, heißem Tee etc.), nicht zu lange stehen lassen

Der Gastgeber / Koch sollte falls notwendig alles gut beschriften oder die betroffenen Gäste mündlich informieren, was für sie verträglich ist. Originalverpackungen mit Zutatendeklaration aufbewahren für Rückfragen

Variationen

Kalte Platte mit etwas (Schnittlauch) oder (Rettichkeimlingen) bestreuen,
mit Radieschen und Mozzarellakügelchen garnieren

Salzstangen

Rezept für ca. 1 Backblech Histaminose, (laktosefreie Variante möglich)

100 g	**Butter**	zu einem festen Teig verkneten Sofort weiter verarbeiten Ca. 4-5 mm dick ausrollen In fingerbreite, ca. 15-20 cm lange Streifen schneiden
280 g	**UrDinkelmehl**	
½ Btl.	**Weinsteinbackpulver**	
1 dl	**Milch**	
1 Prise	**Salz ohne Jod / Fluor**	
1	**Eigelb**	Oberseite dünn bestreichen
etwas	**Salz ohne Jod / Fluor**	darüber streuen
etwas	**Kümmelsamen**	Nach Belieben die einen Stangen mit Kümmel, die anderen mit Paprika oder Kräutern bestreuen
etwas	**Paprikapulver, mild**	
etwas	**Kräuter der Provence, getrocknet**	

Auf ein mit Backpapier belegtes Backblech legen

Bei 160-175 °C in der Ofenmitte hellbraun backen

Material

Nudelholz, Backofen, Backblech, Backpinsel

Variationen

Käsespiralen:

Teig noch dünner ausrollen

Dünn mit Ziegenfrischkäse bestreichen und mit Salz und getrockneten Kräutern der Provence bestreuen

Eine zweite, etwa gleich große dünne Lage Teig auf die bestrichene Fläche legen und sanft festdrücken

In fingerbreite, ca. 15-20 cm lange Streifen schneiden und diese zu einer Spirale verdrehen

Gemüse-Dips

Knackige Gemüsestangen in verschiedene Saucen eintauchen

Gemüsesticks pro Person Histaminose, glutenfrei

nach Belieben 120-180 g	**verschiedene verträgliche Rohkostgemüse z.B. Karotten, Paprika (rot, gelb, grün), Fenchel, milder Bierrettich, Salatgurke, Stangensellerie, Zucchini, grüner Spargel geschält**	in Stäbchen schneiden In niedrige Gläser o.ä. füllen
80-100 g	**verschiedene verträgliche Dip-Saucen, selbst gemacht gemäß S. 58ff**	daneben stellen

Backwaren

Fladenbrot

Rezept für 1 Brotlaib Histaminose, glutenfrei, laktosefrei

500 g	**Reismehl und / oder Maismehl**	
2 TL	**Salz ohne Jod / Fluor**	
evtl. ½ Btl.	**Weinsteinbackpulver**	
5 dl	**Mineralwasser, stark kohlensäurehaltig / Wasser**	in einer Schüssel gründlich mit einer Kelle vermischen

Unverzüglich auf ein mit Backpapier belegtes Backblech geben (dickflüssig)

In den kalten oder vorgeheizten Ofen schieben. In der Ofenmitte 30-40 min mit Unter- und Oberhitze backen bei ca. 200 °C (Umluft: 180 °C)

Bei glutenfreien Spezialmehlmischungen die Zutatenliste auf unverträgliche Zutaten wie z.B. Lupinenmehl, Guarkernmehl etc. überprüfen

Material

Backofen, Backblech, Backpapier

Schnelles Quark-Dinkelbrot

Rezept für 1 Brotlaib Histaminose

500 g	**UrDinkelmehl**	
2 TL	**Salz ohne Jod / Fluor**	in einer Schüssel gründlich mit einer Kelle vermischen
1 Btl.	**Weinsteinbackpulver**	
125 g	**Quark**	Zum Mehl geben und rasch zu einem dickflüssigen Teig verrühren
4 dl	**Milch oder Wasser**	

Unverzüglich in eine mit Butter oder Öl eingefettete oder antihaftbeschichtete Kastenform füllen. Die Gasentwicklung soll in der Kastenform stattfinden, weil die Masse beim Umfüllen wieder etwas zusammenfällt.

In den kalten Ofen schieben, zweite Rille von unten, 60 min backen mit Unter- und Oberhitze bei ca. 200 °C (Umluft: 180 °C)

Aus der Form nehmen und auf dem Gitterrost oder Blech weitere 15 min backen, damit das Brot rundum knusprig wird. Auf einem Gitterrost auskühlen lassen

Material

Backofen, Kastenform

Schnelles Mais-Hirse-Dinkelbrot

Rezept für 1 Brotlaib Histaminose, (laktosefreie Variante möglich)

insges. 500 g:	**350 g UrDinkelmehl**	
	100 g Hirseflocken	
	50 g Gelbmaisdunst oder Maismehl	
1-2 TL	**Salz ohne Jod / Fluor**	Insgesamt 500 g Mehl / Mais / Hirse in eine Schüssel geben
1 Btl.	**Weinsteinbackpulver oder Backhupf (Reformhaus)**	Gut mit Salz und Backpulver sowie weiteren Beigaben vermischen
nach Belieben	**Cranberries oder weitere verträgliche Zutaten, siehe unten**	
5 dl	**Mineralwasser, stark kohlensäurehaltig / Wasser**	beifügen und sofort rasch und gründlich vermischen

Unverzüglich in eine mit Butter oder Öl eingefettete oder antihaftbeschichtete Kastenform gießen
Die Gasentwicklung soll in der Kastenform stattfinden, weil die Masse beim Umfüllen wieder etwas zusammenfällt.

60 min backen bei ca. 200 °C (Umluft: 180 °C), zweite Rille von unten, Unter- und Oberhitze

Aus der Form nehmen und auf dem Gitterrost oder Blech weitere 15 min backen, damit das Brot rundum knusprig wird

Auf einem Gitterrost auskühlen lassen

Material

Backofen, Kastenform

Variationen

Anteile der Getreidearten variieren oder nur 500 g Dinkelmehl verwenden

Einen Teil des Wassers durch Milch ersetzen

Nach Belieben mit weiteren Zutaten verfeinern (in den Teig mischen):
Cranberries getrocknet, ganz wenig Koriander, Frischkäse, Hanfsamenmehl-Proteinpulver, Kräuter, ...

Butterzopf

Rezept für 4 kleine Zöpfe Histaminose, (laktosefreie Variante möglich)

1 kg	**UrDinkelmehl**	
1 Btl.	**Natron**	
1 Btl.	**Weinsteinbackpulver (Reformhaus)**	in einer Schüssel gründlich vermischen
5 dl	**Milch oder Wasser**	
250 g	**Butter**	
½ EL	**Salz ohne Jod / Fluor**	leicht erwärmen (die Butter schmilzt so besser und das Salz löst sich prima auf)

Die Flüssigkeit mit dem Mehl gut vermischen, bis der Teig nicht mehr an der Schüssel klebt

Den Teig aus der Schüssel nehmen und ca. 5 min gut kneten. (Falls er auf der Unterlage klebt, einen Handteigschaber benutzen. Möglichst nicht zusätzlich mit Mehl bestäuben, sonst wird er zu trocken.) Nach einer Weile klebt der Teig nicht mehr und wird zu einer kompakten Masse.

Teigmenge einteilen und die Zöpfe flechten. Die Menge reicht für z.B. 4 kleine Zöpfe.

1	**Eigelb**	verrühren, Oberseite bestreichen

in den kalten Ofen schieben

Backen bei ca. 180 °C, zweite Rille von unten, ca. 30 bis 45 min

Material

Backofen, Backblech, evtl. Backpapier, Backpinsel

Anmerkungen

Der Teig muss sehr zügig verarbeitet und unverzüglich zu einem Zopf geflochten werden, weil die chemische Reaktion des Treibmittels beginnt, sobald es mit Wasser in Kontakt kommt und dann bald wieder nachlässt. Keinesfalls vor dem Flechten stehen lassen; es ist kein Hefeteig. Nach dem Flechten darf man ihm aber ein paar Minuten Zeit lassen, bevor er in den Ofen kommt.

Damit der Zopf beim Schneiden nicht auseinanderfällt: eng flechten und Stränge sanft zusammendrücken, etwas Eigelb in die Spalten fließen lassen

Olivenöl-Brot

Rezept für 4 mittelgroße Brote Histaminose, laktosefrei

1 kg	**UrDinkelmehl**	
1 Btl.	**Natron**	
1 Btl.	**Weinsteinbackpulver (im Reformhaus erhältlich)**	
evtl.	**weitere Zutaten: z.B. Rosmarin, (Oliven), (Knoblauch), Paprikawürfelchen...**	in eine Schüssel geben und gründlich vermischen
4 dl	**lauwarmes Wasser**	Salz im Wasser auflösen
½ EL	**Salz ohne Jod / Fluor**	Öl mit dem Schneebesen im Wasser kräftig verquirlen und sofort mit dem Mehl vermischen
1 dl	**Olivenöl**	

Teig mit dem Teigschaber aus der Schüssel nehmen und ca. 5 min gut kneten (dabei ganz wenig zusätzliches Mehl oder Wasser beifügen, bis weder zu trocken noch klebrig)
Mehrere Brotlaibe formen (evtl. Hände zuvor mit Olivenöl einölen)

etwas	**Olivenöl und Salz**	Oberseite mit etwas Öl bestreichen Mit Salz bestreuen

In den kalten Ofen schieben. Backen bei ca. 180 °C, zweite Rille von unten, 35 bis 45 min

Material

Teigschaber, Backofen, Backblech, evtl. Backpapier, Backpinsel, Schneebesen

Variationen

Optional kann hier auch nur Weinsteinbackpulver verwendet werden. Das Brot wird auf diese Weise aber trockener als in Mischung mit Natron.

Nach Belieben können auch Rosmarin, klein geschnittene Paprikastückchen, je nach Verträglichkeit evtl. auch ein wenig fein gehackter Knoblauch und Olivenstückchen in den Teig gemischt werden. Oliven sind nicht besonders gut verträglich! Geeignetes Produkt wählen, Zutatenliste beachten, nur kleine Mengen konsumieren.

Als Fingerfood für Stehempfang oder Feste: Mozzarella-Stückchen in den Teig mischen, oder man formt aus dem Teig viele kleine Brötchen und platziert in deren Mitte ein kleines Stück Mozzarella.

Pizza mit selbst gemachtem Teig

Rezept für 1 Backblech Histaminose, laktosefreie Variante möglich

500 g	**UrDinkelmehl**	in eine Schüssel geben und gut vermischen
1 Btl.	**Natron**	
2 dl	**lauwarmes Wasser**	Salz im Wasser auflösen Öl mit dem Schneebesen im Wasser kräftig verquirlen und sofort mit dem Mehl vermischen
½ dl	**Olivenöl**	
½ TL	**Salz ohne Jod / Fluor**	

Teig mit dem Teigschaber aus der Schüssel nehmen und ca. 5 min gut kneten (dabei ganz wenig zusätzliches Mehl oder Wasser beifügen, bis weder zu trocken noch klebrig)
Teig auf ein eingeöltes oder mit Backpapier belegtes Backblech legen und mit den Händen in Form ziehen und drücken (oder die Hälfte auf ein kleines rundes Blech und den Rest einfrieren)

nach Belieben	**Gemüse, klein geschnitten: z.B. Paprika, Zucchini mit Schale, weiße Zwiebel, (wenig Knoblauch), Maiskörner, Karotten**	Zutaten nach Belieben gleichmäßig und dünn auf dem Teig verteilen Backen bei ca. 180 °C, zweite Rille von unten, ca. 30 bis 40 min
nach Belieben	**verträglichen Kochschinken (ohne Hefeextrakt, Glutamat, Würze, E407)**	
nach Belieben	**Kräuter, frisch oder getrocknet: z.B. Rosmarin, Thymian, frisches Basilikum, Oregano oder Kräuter der Provence-Mischung; Salz ohne Jod / Fluor, (evtl. ganz wenig Pfeffer)**	
nach Belieben	**Mozzarella oder Ziegenfrischkäse**	

Material

Teigschaber, Backofen, Backblech, evtl. Backpapier

Variationen

Focaccia: Wenn man den Pizzaboden nur mit etwas Olivenöl bestreicht und ihn mit Salz und z.B. Rosmarin bestreut, ergibt das eine **Focaccia**, gut geeignet z.B. für einen Stehempfang (Apéro) oder für Feste.

Minipizza: Evtl. Teig aufteilen auf mehrere kleine Stücke und die Fladen auf ein großes Blech legen

Strudelteig simpel, für Süßes oder Salziges

Rezept für 1 Strudelteig Histaminose, laktosefrei

300 g	**UrDinkel-mehl, hell**	in einer großen Teigschüssel vermischen Gründlich mit den Händen kneten, bis der Teigklumpen gleichmäßig und elastisch ist Wenn nötig ganz vorsichtig kleine Mengen zusätzliches Wasser beifügen und weiter kneten, bis er nicht zu trocken, aber auch nicht klebrig ist 1 h unter heiß ausgespülter Schüssel ruhen lassen Währenddessen die Füllung zubereiten (siehe nachfolgende Seiten)
3 EL	**Rapsöl**	
1 große Prise	**Salz ohne Jod / Fluor**	
1 große Prise	**Zucker**	
100-120 ml	**Wasser**	
etwas	**UrDinkel-mehl**	Backpapier von der Größe eines Backblechs / Küchentuch auf den Tisch legen, mit Mehl bestäuben

Teig auf dem bemehlten Backpapier oder Küchentuch möglichst dünn ausrollen, bis er ein wenig durchsichtig ist

Der Teig (bis 60 x 50 cm groß) darf dabei weit über das Backpapier hinausragen.

Die nicht zu flüssige und nicht zu heiße **Füllung (siehe nachfolgende Seiten)** auf dem Teig verteilen (rundherum mindestens 3 cm Rand freilassen) und sofort zusammenrollen. Die Enden der Teigrolle zudrücken und nach unten umschlagen, damit nichts auslaufen kann

Auf dem Backpapier auf ein Backblech legen. Zu lange Teigrollen können hufeisen- oder kreisförmig auf dem Backblech platziert werden.

1	**Eigelb oder etwas Öl / Milch**	Oberseite der Teigrolle mit einem Backpinsel oder von Hand bestreichen

Im Backofen bei 180 °C in der Ofenmitte ca. 45-55 min backen, je nach Füllung und Dicke

Material

Backofen, Backpapier, Nudelholz, evtl. sauberes Küchentuch

Variationen

Zusätzlich zwei Eigelb, dafür nur 100 ml Wasser in den Teig geben. Dann lässt er sich evtl. noch etwas dünner ausrollen.

Auf einem gut bemehlten Tuch (Küchentuch) ausrollen anstatt auf Backpapier

Krautstrudel mit Schinken

Rezept für 1 Strudelfüllung Histaminose, laktosefrei

500 g	**Weißkohl = Weißkabis**	mit dem Gemüsehobel fein hobeln In einem Kochtopf mit wenig Wasser (oder in einer großen Schüssel in der Mikrowelle) ca. 5-10 min vorgaren
ca. 150 g	**verträglicher Kochschinken (ohne Hefeextrakt, Glutamat, Würze, E407)**	in kleine Stückchen schneiden beifügen
etwas	**Salz ohne Jod / Fluor**	darüber streuen
wenig	**Kümmelsamen, Curcuma**	mit den anderen Zutaten vermischen

Auf Strudelteig verteilen, einrollen und backen wie auf S. 171 beschrieben

Gemüsestrudel mit oder ohne Fleisch

Rezept für 1 Strudelfüllung Histaminose, laktosefrei

2-3 EL	**Olivenöl**	in Pfanne erhitzen
evtl. ca. 200 g	**Geschnetzeltes: Huhn / Rind / Kalb / Schwein**	im heißen Öl anbraten
½	**weiße Zwiebel**	
ca. 300 g	**Gemüse nach Belieben, klein gehackt: Weißkohl, Zucchini, Paprika, Süßkartoffel, Maiskörner**	beifügen Dünsten bis das Gemüse fast gar ist
etwas	**Salz ohne Jod / Fluor**	
nach Belieben	**Küchenkräuter, Paprikapulver, (Pfeffer)**	

Auf Strudelteig verteilen, einrollen und backen wie auf S. 171 beschrieben

Quarkstrudel

Rezept für 1 Strudelfüllung Histaminose, laktosefreie Variante möglich

750 g	**Quark**	Alles in einer großen Schüssel vermischen Auf Strudelteig verteilen, einrollen und backen wie auf S. 171 beschrieben
1 EL	**Zucker**	
(1 Handvoll	**Rosinen, ungeschwefelt!) / Cranberries**	
1 TL	**Stärke**	
1	**Apfel, gewürfelt**	

Quarkbrötchen

Rezept für ca. 9-12 Brötchen Histaminose, (laktosefrei und glutenfrei möglich)

250 g	**Mager- oder Halbfettquark**	in einer Teigschüssel gut verrühren
2	**Eigelb**	
2 EL = 30 g	**Zucker**	
(¼ Btl.	**Vanillinzucker)**	
1 Prise	**Salz ohne Jod / Fluor**	
250 g	**UrDinkelmehl**	beifügen und unterrühren Zu glattem Teig verarbeiten
1 Btl.	**Weinsteinbackpulver**	
Mit zwei Löffeln ungefähr 9-12 Häufchen auf das Blech setzen In der Mitte des auf 200 °C (Umluft: 180 °C) vorgeheizten Ofens 15-20 min backen		
etwas	**Milch, Zucker, (Zimt)**	Drei Minuten vor Backzeitende mit Milch (oder Wasser) bestreichen und mit etwas Zucker und Zimt bestreuen

Material

Backofen, Backblech, Backpapier, Backpinsel

Variationen

10 % des Mehls durch Maismehl oder Maisdunst ersetzen

Für die glutenfreie Variante nur Reis- oder Maismehl verwenden

Für Laktoseintolerante: laktosefreien Quark verwenden

Mürbeteig Grundrezept

Für 1 Springform oder Kuchenblech mit 26 cm Ø

Süße Variante Histaminose, (laktose- und glutenfreie Varianten möglich)

1 Teil | 100 g	**Puderzucker**	Die kalte Butter in Flocken schneiden und diese mit dem Puderzucker und dem Salz zwischen den Fingern verreiben
2 Teile | 200 g	**Butter, kalt**	
1 Prise	**Salz unjodiert**	
2	**Eigelb**	beifügen und mischen
3 Teile | 300 g	**UrDinkelmehl**	beifügen und den Teig rasch zusammenfügen Evtl. ganz wenig Wasser dazu, falls zu trocken Wichtig: Nicht kneten, nur zusammenfügen!

Teig 1 Stunde ruhen lassen, oder über Nacht im Kühlschrank, zugedeckt oder in Folie eingewickelt. Den gekühlten Teig je nach Rezept weiter verarbeiten

Salzige Variante Histaminose, (laktose- und glutenfreie Varianten möglich)

1 Teil (125 g)	**Butter, kalt**	Die kalte Butter in Flocken schneiden und diese mit den anderen Zutaten zwischen den Fingern verreiben
2 Teile (250 g)	**UrDinkelmehl**	
1 TL	**Salz unjodiert**	
80 ml	**eiskaltes Wasser, oder 1 Eigelb und 2 EL kaltes Wasser**	beifügen und den Teig rasch zusammenfügen. Nicht kneten. (Evtl. ganz wenig Wasser dazu, falls zu trocken.)

Teig 1 Stunde ruhen lassen oder über Nacht im Kühlschrank, zugedeckt oder in Folie eingewickelt. Den gekühlten Teig je nach Rezept weiter verarbeiten

Material

Backofen, Springform oder Kuchenblech

Variationen

Glutenfreie Variante: Dinkel ersetzen durch Reismehl oder ein anderes verträgliches glutenfreies Mehl. Der Teig wird dadurch aber deutlich krümeliger!

Laktosefreie Variante: Falls Butter nicht ausreichend laktosearm ist, kann man laktosefreie Butter oder Margarine ohne unverträgliche Zusatzstoffe verwenden.

Nach Belieben bzw. je nach Rezept können dem Teig auch Gewürze beigegeben werden. Z.B. (je nach individueller Verträglichkeit) Kardamom, Gewürznelke und Zimt für die süße Variante oder Kümmel, getrocknete Kräuter der Provence für die salzige Variante

Fruchtwähe, Obstkuchen

Rezept für 1 Springform mit 26 cm Ø Histaminose, (laktosefreie Variante möglich)

evtl. ca. 220 g	**Maronenpüree, tiefgekühlt**	auftauen lassen
ca. 450 g	**Früchte/Beeren, frisch oder tiefgekühlt: z.B. Äpfel, Heidelbeeren, Kirschen, Sauerkirschen, Aprikosen, Pfirsiche, Johannisbeeren**	frisches Obst in Scheiben oder Stücke schneiden
1 Portion	**Mürbeteig, süß, gemäß Grundrezept auf S. 174**	aus Kühlschrank nehmen ¼ h warm werden lassen

Teig in die mit Butter eingefettete Springform drücken. Der flache Boden eines Trinkglases oder ähnliches hilft beim Flachdrücken. So weit nach außen drücken, dass ein Teigrand von ca. 2½ cm Höhe entsteht

ca. 280 g	**Mager- oder Halbfettquark**	mit dem Maronenpüree in eine Schüssel geben
1-2 EL	**Stärke**	
(evtl. ¼ Btl.	**Vanillinzucker)**	Nach und nach so viel Sahne dazu geben, bis mit dem Schneebesen verrührbar, aber doch möglichst dickflüssig
evtl. etwas	**Rahm / Sahne ohne Zusatzstoffe oder Milch**	

Sämig schlagen und auf dem Teig verteilen. Genügend Platz für die Früchte lassen

Früchte gleichmäßig verteilt auf die Masse legen oder streuen und festdrücken

Tiefgekühlte Früchte oder Beeren werden im gefrorenen bis leicht angetauten Zustand aufgelegt.

Backen bei ca. 220 °C (Umluft: 200 °C), zweite Rille von unten, je nach Dicke 30-45 min. Nach dem Backen gut auskühlen lassen, erst dann aus der Form nehmen

Material

Teigschaber, Backofen, rundes Kuchenblech oder runde Springform, evtl. Schneebesen

Variationen

Maronenpüree kann auch weggelassen werden. Bei Laktose-Intoleranz die Milchprodukte durch laktosefreie Produkte oder durch wenig Wasser und zusätzliche Stärke ersetzen

Anmerkungen

Überschüssige Füllmasse kann für ein Dessert verwendet werden.

Gemüsewähe, Gemüsekuchen, Quiche

Rezept für 1 Springform mit 26 cm Ø Histaminose

1 Portion	**Mürbeteig, salzig, gemäß Grundrezept auf S. 174**	aus dem Kühlschrank nehmen, 15 min warm werden lassen
etwas	**Butter oder Olivenöl**	Form einfetten, evtl. bemehlen

Teig in die Springform drücken. So weit nach außen drücken, dass ein Teigrand von ca. 2½ cm Höhe entsteht. Boden mit einer Gabel mehrfach einstechen, um Blasenbildung zu verhindern

Für die Füllung:

ca. 200 g	**verträgliche Gemüse nach Belieben, je nach Saison: Zucchini, Broccoli, Blumenkohl, Karotten, Pastinaken, Paprika, weiße Zwiebel, Maiskörner, Kürbisse, Süßkartoffel**	Gemüse waschen, vorbereiten, klein schneiden Evtl. einige min vorgaren in einem Kochtopf mit wenig Wasser oder in der Mikrowelle
evtl. ca. 30 g	**Kochschinken (ohne Geschmacksverstärker, Hefeextrakt, Glutamat, Würze, E407, nicht geräuchert)**	in kleine Stücke schneiden

Für den Guss:

ca. 2 dl	**Rahm / Sahne ohne Zusatzstoffe**	Alles gründlich vermischen Gemüse auf dem Teig verteilen und Guss darüber gießen (oder das Gemüse zuerst mit dem Guss vermengen und erst dann auf dem Teig verteilen) Backen bei ca. 220 °C (Umluft: 200 °C), zweite Rille von unten, je nach Dicke 30-50 min Warm oder kalt servieren Wird erst nach dem Erkalten richtig fest
2	**Eigelb**	
½ TL	**Salz ohne Jod / Fluor**	
evtl. etwas	**Stärke**	
(evtl. wenig	**Pfeffer)**	
(evtl. wenig	**Muskatnuss)**	
nach Belieben	**Küchenkräuter, frisch oder getrocknet**	

Material

Backofen, rundes Backblech oder runde Kuchenform

Gemüsewähe mit Hähnchen- / Putenbrust

Rezept für 1 Springform mit 26 cm Ø Histaminose, (laktosefrei möglich)

1 Portion	**Mürbeteig, salzig, gemäß Grundrezept auf S. 174**	aus dem Kühlschrank nehmen 15 min warm werden lassen

Teig in die Springform drücken. Der flache Boden eines Trinkglases oder ähnliches hilft beim Flachdrücken.

Teig so weit nach außen drücken, dass ein Teigrand von ca. 2½ cm Höhe entsteht

Boden mit einer Gabel mehrfach einstechen, um Blasenbildung zu verhindern

ca. 200 g	**Paprika, Broccoli oder andere verträgliche Gemüse nach Belieben, je nach Saison: Zucchini, Blumenkohl, Karotten, Pastinaken, Maiskörner, Kürbisse, Süßkartoffel**	waschen, vorbereiten, klein schneiden Evtl. einige min vorgaren in einem Kochtopf mit wenig Wasser oder in der Mikrowelle Auf dem Teig verteilen
1-2 Stück	**Hähnchen- / Putenbrust oder ca. 250 g Geschnetzeltes**	in dünne Streifen schneiden und auf das Gemüse legen
ca. 100 g	**geriebener Mozzarella**	
nach Belieben	**Küchenkräuter, frisch oder getrocknet**	darüber streuen

Je nach Dicke ca. 30 min backen bei ca. 220 °C (Umluft: 200 °C), zweite Rille von unten

Warm oder kalt servieren

Material

Backofen, rundes Backblech oder runde Kuchenform

Gemüsewähe, schnell und einfach, fettreduziert

Rezept für ca. 25 x 38 cm große Ofenform Histaminose, (laktosefrei möglich)

250 g	**UrDinkelmehl**	in einer Schüssel gründlich vermischen
½ Btl.	**Weinsteinbackpulver**	
1 TL	**Salz ohne Jod / Fluor**	
150 g	**Milch**	beifügen

Von Hand gut zu einem geschmeidigen Teigklumpen verkneten

Auf einer bemehlten Arbeitsfläche mit dem Nudelholz dünn rechteckig ausrollen

wenig	**Butter oder Öl**	Form oder Blech gut einfetten und bemehlen
wenig	**UrDinkelmehl**	

Teig in die Form einpassen

Backofen vorheizen auf 220 °C (Umluft 200 °C)

ca. 500 g	**geeignetes & verträgliches Gemüse: z.B. Kürbis / Zucchini / Paprika / Chicorée / weiße Zwiebel**	vorbereiten Zerkleinern Auf dem Teig verteilen
evtl. ca. 50 g	**Kochschinken (ohne Geschmacksverstärker, Hefeextrakt, Glutamat, Würze, nicht geräuchert, keine Konservierungsstoffe außer E250)**	zerkleinern Auf dem Teig verteilen
evtl. 50-200 g	**geriebener Mozzarella**	
etwas	**Salz ohne Jod / Fluor**	
nach Belieben	**Küchenkräuter, frisch oder getrocknet**	darüber streuen

Je nach Dicke ca. 15-25 min in der Ofenmitte backen, ca. 220 °C (Umluft: 200 °C)

Warm oder kalt genießen

Material

Backofen, kleines Backblech oder ofenfeste Form

Grieß-Quarkkuchen ohne Teigboden

Rezept für Springform mit 26 cm Ø Histaminose, (glutenfreie Varianten möglich)

wenig	**Butter**	Form einfetten
evtl. 2	**Eigelb**	in einer großen Schüssel mit dem Mixer verquirlen
3 EL	**Milch**	beifügen Zucker etwas auflösen lassen Schaumig rühren
200 g	**Zucker**	
(evtl. ½ Btl.	**Vanillinzucker)**	
1 Prise	**Salz ohne Jod / Fluor**	
125 g	**Dinkel-, Hirse-, Maisgrieß oder evtl. Reismehl**	beifügen, kurz mixen
750 g	**Magerquark**	
3 dl	**Rahm / Sahne ohne Zusatzstoffe**	mit dem Mixer steif schlagen
Schlagsahne mit dem Teigschaber sachte unter die Quarkmasse ziehen		
(1 Handvoll	**Rosinen, ungeschwefelt, ohne Konservierungsstoffe) oder 2 Handvoll Kirschen, Sauerkirschen, Apfelstückchen, Pfirsich**	darüber streuen Evtl. mit dem Schneebesen knapp unter die Oberfläche drücken

Quarkmasse in die Springform gießen

Im auf 180 °C vorgeheizten Ofen auf der zweituntersten Rille 60 min backen

Ofen ausschalten. Ofentür halb öffnen und weitere 30 min drin lassen. Nach dem Backen gut auskühlen lassen, erst dann aus der Form nehmen

Material

Backofen, runde Springform, Teigschaber, Mixer

Variationen

Evtl. etwas künstliches Rum-Aroma in die Quarkmasse geben

Apfel-Früchtebrot, saftig

Rezept für 1 Kuchenform Histaminose, laktosefreie Variante möglich

150 g	**Aprikosen, getrocknet (ungeschwefelt, ohne Konservierungsstoffe)**	zerkleinern
400 g	**Äpfel**	grob raffeln
100 g	**Zucker**	
(1 EL	**Lebkuchengewürz)**	
(evtl. 150 g	**Mandeln, gehackt oder grob gemahlen)**	
150 g	**Cranberries, getrocknet**	
(evtl. 100 g	**Rosinen ungeschwefelt, ohne Konservierungsstoffe)**	Alle Zutaten bis auf das Mehl und das Backpulver in einer Schüssel gut vermischen
evtl. 1-3 EL	**Williams Schnaps (oder Amaretto)**	Zugedeckt über Nacht im Kühlschrank durchziehen lassen
250 g	**UrDinkelmehl**	Am nächsten Tag das Mehl gut mit dem Backpulver vermischen und anschließend mit der Fruchtmasse vermengen
1 Btl.	**Weinsteinbackpulver**	
ganz wenig	**Fett (z.B. Butter) zum Einfetten der Form**	Teig in eine eingefettete und bemehlte oder antihaftbeschichtete Kuchenform füllen
wenig	**UrDinkelmehl zum Bemehlen der Form**	

Im vorgeheizten Backofen bei 180 °C ca. 1 Stunde backen

Material

Kuchenform

Anmerkungen

Falls das Lebkuchengewürz zu sehr anregt oder die Mandeln den Schlaf beeinträchtigen, diese Zutaten weglassen oder das Früchtebrot nicht spät nachmittags oder abends konsumieren.

Kirschen-Streuselkuchen

Rezept für Springform mit 26 cm Ø Histaminose, (laktosefreie Variante möglich)

wenig	**Butter**	Form einfetten und mit Mehl bestäuben
wenig	**UrDinkelmehl**	

Streusel:

80 g	**Zucker**	
(1 TL	**Zimt)**	
1 Prise	**Salz ohne Jod / Fluor**	
115 g	**Butter, geschmolzen**	zu einem Teig vermengen Beiseite stellen Ofen vorheizen auf 165 °C
115 g	**UrDinkelmehl**	
75 g	**feine Hafer-/ Hirseflocken**	

Rührteig:

125 g	**(saurer Halbrahm) oder Quark**	
2	**Eigelb**	
85 g	**Butter, weich**	verrühren
(evtl. 1 TL	**Vanillinzucker)**	
120 g	**UrDinkelmehl**	
80 g	**Zucker**	gründlich vermischen Mit dem Eigelb-Quark-Gemisch zu einem Rührteig vermengen In die Form füllen
½ TL	**Backpulver**	
½ TL	**Natron**	
1 Prise	**Salz ohne Jod / Fluor**	
400 g	**Kirschen, entsteint, frisch, tiefgekühlt oder aus dem Glas (falls ohne Konservierungs- und Farbstoffe)**	gleichmäßig auf dem Teig verteilen

Streuselmasse gleichmäßig darüber krümeln. Kein Festdrücken nötig (zerfließt von selbst)

In der Ofenmitte bei 165 °C 50-55 min backen

Aus dem Ofen nehmen, abkühlen lassen, erst dann aus der Form lösen

etwas	**Puderzucker**	darüber stäuben

Material

Teigschaber, Backofen, Springform

Apfelkuchen

Rezept für Springform mit 26 cm Ø Histaminose, (laktosefreie Variante möglich)

100 g	**Butter, geschmolzen**	
2	**Eigelb**	
4 EL	**Rahm / Sahne ohne Zusatzstoffe**	
200 g	**Zucker**	
(evtl. ¼ Btl.	**Vanillinzucker)**	
100 g	**UrDinkelmehl**	
ca. ¼ Btl.	**Weinsteinbackpulver**	
1 dl	**Milch**	
(evtl. wenig	**Zimtpulver)**	der Reihe nach zu einem dickflüssigen Brei vermengen
4	**Äpfel**	evtl. schälen, vierteln und in dünne Scheiben schneiden

Äpfel mit dem Teig vermischen

In eine mit Butter eingefettete und bemehlte Springform füllen

60 min auf der zweituntersten Rille bei 180 °C backen

Evtl. mit Backpapier abdecken, bevor er zu dunkel wird

Material

Backofen, Springform

Heidelbeer-Muffins

Rezept für 1 Muffinbackblech à 12 Muffins Histaminose, laktosefreie Variante

Muffin-Blech mit Papierbackförmchen auslegen (oder wenn man keines hat: auf einem normalen Backblech drei Papierbackförmchen ineinander stellen)

250 g	**UrDinkelmehl**	
½ Btl.	**Weinsteinbackpulver**	
(evtl. ¼ Btl.	**Vanillinzucker)**	
125 g	**Zucker**	
1 Prise	**Salz ohne Jod / Fluor**	gründlich mischen
100 g	**Heidelbeeren, frisch oder tiefgekühlt**	vorsichtig untermengen
125 g	**Rapsöl oder Albaöl®**	
1	**Eigelb**	in separatem Gefäß gut verrühren
225-250 ml	**Milch / Molke S. 201 / Wasser**	

Erst jetzt die flüssigen und die trockenen Zutaten zusammenfügen und sorgfältig nur so kurz mischen wie unbedingt nötig

Den dickflüssigen Teig sogleich in die Backförmchen verteilen

Im vorgeheizten Ofen 20 min bei 190 °C backen

Material

Backofen, Muffin-Backblech oder Muffin-Backform, Papierbackförmchen

Maroni-Torte

Rezept für 1 Form 26 cm Ø Histaminose, glutenfrei, (laktosefrei möglich)

125 g	**Butter**	insgesamt ca. 530 g Maronenpüree auftauen lassen (400 g + 130 g)
150 g	**Zucker**	Butter leicht erwärmen
5	**Eigelb**	Alle Zutaten nach und nach schaumig rühren
(75 g	**geriebene Mandeln)**	Die Springform einfetten und mit (ggf. glutenfreiem) Mehl bestäuben
400 g	**Maronenpüree ohne unverträgliche Zutaten / Zusatzstoffe**	Backen: ca. 50 min bei 180 °C
50 g	**Quark**	Nach dem Erkalten entweder mit Puderzucker bestäuben oder eine Glasur zubereiten:
1 TL	**Natron**	
1 Btl.	**Weinsteinbackpulver**	
(evtl. ½ TL	**Vanillinzucker)**	

Für die Glasur

ca. 50 g	**Butter**	Butter schmelzen und mit Puderzucker und Maronenpüree mischen
130 g	**Maronenpüree**	Die Torte mit der Glasur bestreichen
130-150 g	**Puderzucker**	

Material

Backofen, runde Kuchenform, evtl. Mehlsieb/Teesieb für den Puderzucker

Anmerkungen

Nur Maronenpürees ohne unverträgliche Zutaten / Zusatzstoffe verwenden!
(In der Schweiz im Supermarkt-Tiefkühlregal erhältlich)

Mandeln können für einzelne leicht unverträglich sein. Bei Schlafproblemen nicht in der zweiten Tageshälfte konsumieren

Bei Laktose-Intoleranz laktosefreie Milchprodukte verwenden

Linzertorte

Rezept für 1 Backblech Histaminose, laktosefreie Variante möglich

550 g	**UrDinkelmehl**	
300 g	**Butter, kalt!**	
220 g	**Melasse / Ahorn- / Reissirup / Flüssighonig**	zu einem Mürbeteig vermengen
(220 g	**gemahlene Mandeln, ungeschält)**	(Falls zu trocken: so wenig Wasser / Milch / histaminfreien Rotwein wie nötig zufügen. Der Teig soll eher trocken sein, sich aber dennoch gut zusammenfügen lassen).
(3 EL	**Zimtpulver)**	
evtl. ½ Msp.	**Nelkenpulver**	
evtl. 4 EL	**Mahlabkirschenpulver***	mindestens 1 Stunde zugedeckt im Kühlschrank oder an einem anderen kühlen Ort ruhen lassen
evtl. ganz wenig	**Kardamom**	
evtl. ½ Btl.	**Vanillinzucker**	Teig anschließend kurz durchkneten

Zwei Drittel des Teiges mit dem Nudelholz auf Backpapier in der Größe des Backbleches ausrollen. Samt Backpapier auf das Backblech transferieren

Etwas Teig vom letzten Drittel entnehmen, eine dünne Schlange rollen und damit den Teig auf dem Backblech umranden. Zum Abdichten gut festdrücken, so dass die Konfitüre beim Backen nicht ausläuft

Backofen vorheizen (180 °C mit Umluft, 200 °C ohne Umluft)

750 ml ≈ 2 Gläser	**Konfitüre aus verträglichen Früchten**	(z.B. Sauerkirsche, Johannisbeergelee, Heidelbeere) auf den Teigboden streichen

Mit dem restlichen Teig ein diagonales Gitternetz oder einfach nur diagonale Streifen auf die Konfitüre legen, je nachdem, wie es von der Teigmenge her aufgeht

20-25 min in der Ofenmitte backen bei 200 °C (Umluft: 180 °C)

In kleine Schnitten von ca. 3 x 6 cm schneiden

Material

Nudelholz, Backpapier, Backblech, Backofen

Anmerkungen

Die Linzertorte wird noch besser, wenn man sie 1-3 Tage stehen lässt.

Um die Kernchen der traditionell verwendeten, aber schlecht verträglichen Himbeerkonfitüre zu imitieren: Vor dem Auftragen der Konfitüre eine Handvoll Chia-Samen (Salvia hispanica) aus dem Reformhaus auf den Teig streuen. Reich an Omega-3-Fettsäuren, Proteinen, Vitaminen, Antioxidantien und Mineralien.

*) Mahlabkirschenpulver findet man "beim Türken um die Ecke". Es heißt auch Mahleb, Mahlep o.ä. Das ist der Keimling aus dem Kern der Felsenkirsche, zu einem hellbeigen Pulver zermahlen. Diese fakultative Gewürzzutat aus dem asiatischen Raum verleiht vielen Backwaren ein spezielles Aroma.

Heidesand-Plätzchen

Rezept für 1 Backblech Histaminose

125 g	**Butter**	im Kochtopf bei mittlerer Hitze leicht bräunen Abkühlen lassen und beim Festwerden cremig rühren
125 g	**Zucker**	
(½ Btl.	**Vanillinzucker)**	
1 Prise	**Salz ohne Jod / Fluor**	allmählich beifügen und schaumig rühren
½ EL	**Milch**	
180 g	**UrDinkelmehl oder Reismehl**	beifügen und zu einem Teig kneten Eine Rolle mit ca. 5 cm Durchmesser formen

Mit Klarsichtfolie umhüllt im Kühlschrank hart werden lassen

5 mm dicke Scheiben schneiden und bei 200 °C (Umluft: 180 °C) in der Ofenmitte 10-15 min hellbraun backen. Heidesand wird erst nach dem Abkühlen fest.

Material

Backofen, Backpapier, Backblech

Sablés mit Zimtrand

Rezept für 1 Backblech Histaminose, laktosearm, (glutenfrei möglich)

150 g	**Butter**	schaumig (weich und glatt) rühren
50 g	**Zucker**	mit der Butter vermischen und die Masse tüchtig rühren
(½ Btl.	**Vanillinzucker)**	
1/3 TL	**Salz ohne Jod / Fluor**	
220 g	**UrDinkelmehl oder Reismehl**	beifügen und zu einem Teig kneten Teig ½ h ruhen lassen
evtl. einige	**Macadamia-Nüsse, zerkleinert**	Zwei Rollen mit ca. 4 cm Durchmesser formen
etwas	**Kristallzucker**	Teigrollen in einer Mischung aus Zucker, Vanillin, Salz und Zimt wenden Ca. 1h kalt stellen
je 1 Prise	**(Zimt), unjodiertes Salz, Vanillinzucker**	

5 mm dicke Scheiben schneiden und bei 200 °C (Umluft: 180 °C) in der Ofenmitte 10-15 min hellbraun backen. Der Zucker am Rand soll leicht karamellisieren.

Material

Backofen, Backpapier, Backblech

Haferflocken-Kekse

Rezept für ca. 70 Stück Histaminose

250 g	**Butter, weich**	rühren, bis sich Spitzchen bilden
250 g	**Rohrzucker**	beifügen
(evtl. ½ Btl.	**Vanillinzucker)**	Sämig rühren
1	**Eigelb**	
1 EL	**Rahm / Sahne ohne Zusatzstoffe**	beifügen Weiter rühren
250 g	**Haferflocken, fein**	miteinander vermischen
100 g	**UrDinkelmehl**	Zur Masse geben und kurz vermengen

Mit einem Löffel kleinere Häufchen auf ein mit Backpapier belegtes Blech geben. Genügend Abstand halten, da die Masse auseinander fließt

Im auf 175 °C vorgeheizten Backofen ca. 25 min backen. Die Ränder sollten gut gebräunt sein. Auf einem Gitter gut auskühlen lassen

Material

Backofen, Backblech, Backpapier

Spitzbuben

Rezept für 1 Backblech Histaminose, laktosearm, glutenfreie Var. möglich

250 g	**Butter, weich**	rühren, bis sich Spitzchen bilden
125 g	**Puderzucker**	
1 Prise	**Salz unjodiert**	
1 TL	**Vanillinzucker**	
1	**Eigelb**	mit der Butter vermischen und weiter rühren
300 g	**UrDinkelmehl hell oder Reismehl**	mischen
2 EL	**Stärke**	Zur Buttermasse geben und zu einem Teig zusammenfügen (nicht kneten)

Teig in Klarsichtfolie wickeln, mindestens 1 Stunde kühl stellen
Auf einer mit Mehl bestäubten Fläche 2-3 mm dünn ausrollen
Mit einer geeigneten Form Kreise mit 5-8 cm Durchmesser ausstechen
Bei der Hälfte der Kreise (sie dienen später als Deckel, die andere Hälfte als Böden) mit einer kleinen Weihnachtsplätzchenform Löcher / Figuren ausstechen
Auf ein mit Backpapier belegtes Backblech legen und kühl stellen
Ofen auf 200 °C vorheizen, 7-10 min in der Ofenmitte backen, herausnehmen, auskühlen lassen

75 g	**Puderzucker**	Deckel bestäuben (oder glasieren, siehe unten)
250 g	**Johannisbeergelee**	erwärmen und je 1 TL Gelee auf die Böden streichen Deckel sorgfältig aufsetzen

Material

Backofen, Backpapier, Backblech, evtl. Backpinsel für die Glasur

Variationen

Mit Puderzucker glasieren anstatt bestäuben

Glasur:

75 g Puderzucker nach und nach mit 1 EL Flüssigkeit mischen. Je mehr Flüssigkeit beigefügt wird, umso dünner lässt sich die Glasur auftragen. Als Flüssigkeit eignen sich:

- etwas **Granatapfel**, zu Saft gepresst (durch ein Teesieb drücken)
- **Verjus** (Saft unreifer Trauben)
- **Apfelsaft**
- (Wasser mit 1 Msp. **Ascorbinsäurepulver (reines Vitamin C)**)

Mailänderli, Butterplätzchen

Rezept für ca. 500 g Teig Histaminose, (glutenfreie Variante möglich)

125 g	**weiche Butter**	rühren, bis sich Spitzchen bilden
1	**Eigelb**	
½ dl	**Rahm / Sahne ohne Zusatzstoffe**	
125 g	**Zucker**	
1 Prise	**Salz ohne Jod / Fluor**	beifügen Rühren, bis die Masse hell ist
250 g	**UrDinkelmehl oder Reismehl**	beifügen Zu einem Teig vermengen

Zugedeckt mindestens 1 Stunde kühl stellen

Möglichst kühl weiter verarbeiten. Soweit nötig kurz bei Zimmertemperatur warm werden lassen

Teig ca. 6 mm dick ausrollen und Formen ausstechen

Auf das mit Backpapier ausgelegte Backblech legen

1	**Eigelb**	verklopfen
1 TL	**Wasser**	Oberseite der Teigplätzchen bestreichen

In der Ofenmitte 10-15 Minuten bei 200 °C backen

Material

Nudelholz, Plätzchenformen, Backofen, Backblech, Backpapier, Backpinsel

Desserts, Süßspeisen

Maroni-Vermicelles mit Schlagrahm und Früchten

Rezept für 2 Portionen Histaminose, glutenfrei, (laktosefreie Variante möglich)

ca. 200-400 g	**verträgliche Früchte, frisch oder tiefgekühlt, z.B. Äpfel / Kirschen / Heidelbeeren / Melonen / (Trauben) / Fruchtsalat S. 197 / Kompott S. 198**	gegebenenfalls entkernen und in Stücke schneiden In die Dessertschälchen oder Tellerchen verteilen
ca. 400-600 g	**Maronenpüree, tiefgekühlt (ohne unverträgliche Zutaten)**	im Kühlschrank ca. 2 h auftauen lassen Mit der Vermicelles-Presse spaghettiförmig über die Früchte pressen
4 dl	**Vollrahm / Sahne ohne Zusatzstoffe**	kühlschrankkalt mit dem Mixer steif schlagen oder flüssig verwenden Darüber geben

Material

Vermicelles-Presse

Für die Schlagsahne: Schneebesen / Mixer / Schüttelbecher

Variationen

Früchte nach Belieben entweder ganz lassen oder zerdrücken, roh verwenden oder kurz aufkochen, heiß servieren oder abkühlen lassen

Sehr saure Früchte evtl. mit etwas Zucker süßen

Garnieren mit einzelnen ganzen Beeren, mit Fruchtstücken oder mit einem Blatt Zitronenmelisse oder Pfefferminze

Laktosefreie Variante: Rahm weglassen oder laktosefreien Rahm verwenden

Zimt-Äpfel

Rezept für 4 Portionen Histaminose, glutenfrei, laktosefrei

2	**Äpfel, säuerliche Sorte**	Äpfel ungeschält in kleine Würfel schneiden (Kerngehäuse entfernen) In der Bratpfanne kurz in wenig Butter andünsten
1 Handvoll	**(Rosinen, ungeschwefelt, ohne Konservierungsstoffe) oder Cranberries getrocknet**	
ca. 4 EL = 40 g	**Butter**	
etwas	**Zucker**	Abschmecken Warm oder kalt servieren
(ganz wenig	**Zimt)**	
(1 Prise	**Vanillinzucker)**	
evtl. wenig	**Saft vom Granatapfel oder Verjus**	

Variationen

Mit Rahmquark und Minzenblättern garnieren

Dazu verträgliche Crème Caramel (S. 194) und Mürbeteiggebäck: Sablés (S. 187)

Crumble, Kompott mit Streuseln überbacken

Rezept für 4 Portionen Histaminose, laktosearm, glutenfreie Variante möglich

ca. 400-600 g	**Äpfel / Pfirsiche / Nektarinen, Brombeeren / Heidelbeeren**	Feuerfeste Form mit Schnitzen / Beeren füllen (ca. 3-5 cm hoch)
100 g	**UrDinkel- oder Reismehl**	Mehl und Zucker gut vermischen Mit der Butter zu Krümeln zerreiben Diese Streusel über die Früchte verteilen
100 g	**Zucker**	
75 g	**Butter**	

Im auf 180 °C vorgeheizten Ofen in der Ofenmitte ca. 20 min goldbraun backen

Material

Feuerfeste Form

Variationen

Streusel zusätzlich mit Hafer- / Hirseflocken verfeinern

Auch für Streuselkuchen verwendbar

Crème Caramel, Karamellpudding

Rezept für 7½ dl, ca. 4 Portionen Histaminose, glutenfrei, (laktosefreie Variante)

evtl. 1-2	**Eigelb**	
1 dl	**Milch oder Sahne ohne Zusatzstoffe**	Je nach gewünschter Festigkeit: ▪ 25 g Stärke ohne Eigelb für eine Crème ▪ 40-50 g Stärke mit Eigelb für Pudding
1 Prise	**Salz unjodiert**	In einer kleinen Schüssel gut vermischen
25-50 g	**Maisstärke**	Beiseite stellen
1 dl	**Wasser**	heiß machen, bereit stellen
100-150 g	**Zucker**	In einem großen Kochtopf bei mittlerer Hitze ohne Umrühren erwärmen bis der Zucker geschmolzen und goldbraun geworden ist

Sofort mit 1 dl heißem Wasser ablöschen (Vorsicht: heißer Dampf steigt auf!)
Weiter köcheln lassen, bis sich das meiste Karamell aufgelöst hat

5 dl	**Vollmilch**	zum Karamell gießen und unter ständigem Umrühren aufkochen

Einen kleinen Teil der heißen Karamellmilch unter stetigem kräftigem Umrühren zum kalten Eigelb-Rahm-Stärkegemisch gießen und alles zurück in den Kochtopf gießen

Unter ständigem Rühren kurz aufkochen bis die Crème fest wird

Sofort in kleine Schalen abfüllen

Abkühlen lassen, danach mindestens 2 Stunden in den Kühlschrank stellen

Material

Schneebesen, 4 kleine Schälchen

Anmerkungen

Nie abgeleckte Finger / Löffel / Kellen in die Creme stecken! Schon kleinste Speichelspuren können die Stärke enzymatisch zersetzen, so dass die Creme nicht richtig fest wird.

Geschmolzener Zucker ist sehr heiß und klebrig. Nur Holzkellen, nie Kunststoff verwenden oder noch besser gar nicht umrühren.

Zu dunkel gebräuntes Karamell wird bitter.

Bei Laktoseunverträglichkeit laktosefreie Milch verwenden

Quarkcrème mit Honig

Rezept für 4 Portionen Histaminose, glutenfrei, laktosefreie Variante möglich

500 g	**Halbfettquark**	
4 TL	**Honig, flüssig / Ahornsirup / Agavendicksaft / Zucker**	
(½ Btl.	**Vanillinzucker)**	gründlich verrühren
2	**Äpfel / Kaki / Pfirsiche, oder Heidelbeeren / Stachelbeeren / Cassis / Johannisbeeren / Jostabeeren**	Große Früchte halbieren und in Scheiben geschnitten auf zwei Dessertteller anrichten
Quarkcreme beifügen (evtl. in einem separaten kleinen Gefäß auf den Teller stellen)		
(evtl. 2 EL	**Mandelscheibchen)**	in der Bratpfanne kurz rösten, bis sie leicht bräunlich sind Über die Creme streuen
evtl. wenig	**Kokosraspel**	über die Frucht streuen

Milchreis

Rezept für 2-4 Portionen Histaminose, glutenfrei, laktosefreie Variante möglich

1 Liter	**Milch, ggf. laktosefrei**	
(evtl. ¼ Btl.	**Vanillinzucker)**	unter Umrühren zum Kochen bringen
½ TL	**Salz ohne Jod / Fluor**	würzen
evtl. 2 EL=20 g	**Butter oder Albaöl®**	beifügen
150 g	**Rundkornreis: z.B. Originario, Camolino**	einrühren
Bei kleiner Hitze zugedeckt 30-40 min köcheln lassen. Gelegentlich umrühren		
ca. 2 EL	**Zucker**	nach dem Kochen einrühren, darüber streuen oder separat dazu servieren
(etwas	**Zimtpulver)**	

In Teller / Schale anrichten, mit Zucker und Zimt bestreuen und mit Fruchtkompott (S. 198) heiß oder kalt genießen

Geeignet als Frühstück, Hauptmahlzeit, Zwischenmahlzeit oder Nachtisch

Grießbrei

Rezept für 2-4 Portionen Histaminose

1 Liter	**Milch**	unter Umrühren zum Kochen bringen
2-5 EL = 25-75 g	**Zucker (nach Belieben)**	
1 Prise	**Salz ohne Jod / Fluor**	
evtl. 3 EL = 30 g	**Butter oder Albaöl®**	
(evtl. ¼ Btl.	**Vanillinzucker)**	
nach Belieben	**verträgliche Dörrfrüchte, ungeschwefelt, ohne Konservierungsstoffe: Cranberries / Datteln / Aprikosen / (Rosinen)**	
(evtl. 1 EL	**gemahlene Mandeln)**	
(1 Prise	**Zimtpulver)**	
100-160 g	**Dinkelgrieß oder Hirsegrieß (Reformhaus)**	einrühren

Unter ständigem Rühren kurz aufkochen, Hitze reduzieren

Auf niedriger Stufe unter gelegentlichem Rühren noch einige Minuten ziehen lassen

In Teller / Schale anrichten, mit Zucker und Zimt bestreuen und mit Fruchtkompott (S. 198) heiß oder kalt servieren

Variationen

Grießköpfli: 160 g Grieß pro Liter Milch verwenden. In einer Schale oder in kleinen Förmchen fest werden lassen und dann auf einen Teller stürzen wie Pudding.

Fruchtsalat

Rezept für 4 Portionen Histaminose, (laktosefreie Variante möglich)

ca. 350 g	**verträgliche Früchte: z.B. Äpfel, Melone, (kernlose Trauben), Kaki, Nektarinen**	in kleine Stücke schneiden
1 Dose	**Pfirsichhälften mit Saft**	
1 Handvoll	**getrocknete Cranberries (oder Rosinen, ungeschwefelt, ohne Konservierungsstoffe)**	dazu mischen
1 Schuss	**Ahornsirup**	
(evtl. 1 Msp.	**Ascorbinsäurepulver = Vitamin C, Apotheke)**	Einige Zeit im Kühlschrank stehen lassen
(evtl. 1 EL	**Williams oder Kirsch)**	je nach Verträglichkeit, zum Verfeinern

Material

Dosenöffner

Variationen

Mit Mandelstiften / Mandelscheibchen bestreuen (sofern verträglich, evtl. leicht in der Pfanne angeröstet)

Mit Quark vermischen

Als Müsli mit Hirse- / Dinkel- / Haferflocken und Milch oder Quark servieren

Weiße Schokomousse

Rezept für ca. 4 Personen Histaminose, glutenfrei

2 dl	**Rahm / Sahne ohne Zusatzstoffe**	erwärmen
(100 g	**weiße Schokolade)**	darin schmelzen

Während 5 min unter ständigem Umrühren bis dicht an den Siedepunkt erhitzen, ohne dass es kocht. Abkühlen lassen. Mehrere Stunden in den Kühlschrank stellen (z.B. über Nacht)

Die kühlschrankkalte Flüssigkeit mit dem Mixer steif schlagen und kühl servieren

Anmerkungen

Kakao ist unverträglich. Weiße Schokolade wird aber meist recht gut vertragen.

Fruchtkompott

Rezept für 4 Portionen Histaminose, laktosefrei, glutenfrei

1 dl	**histaminfreier Wein oder Traubensaft**	
ca. 3 EL = 50 g	**Zucker oder Gelierzucker**	
(evtl. etwas	**Zimtpulver oder Zimtstange)**	aufkochen
1 EL	**Stärke mit 2 EL Wasser**	anrühren, unter Rühren in die Weinsauce geben, aufkochen
ca. 250 g	**verträgliche Fruchtsorte: z.B. Kirschen, Sauerkirschen, Äpfel, Litschis, Brombeeren, Heidelbeeren, Stachelbeeren, Johannisbeeren, Cassis**	beifügen, kurz an den Siedepunkt bringen, dabei Topf leicht schwenken, auskühlen lassen

Dulce de leche, Milchkaramellpaste

Rezept für ca. 2 kl. Konfitürengläser Histaminose, glutenfrei, laktosefrei möglich

250 g	**weißer Kristallzucker**	im Kochtopf bei mittlerer Hitze goldbraun werden lassen (karamellisieren)
5 dl	**Milch**	Karamell ablöschen (Vorsicht: heißer Dampf!)
(¼ Btl.	**Vanillinzucker)**	beifügen

Kräftig sieden (ohne Anbrennen, ohne Überkochen), bis die Karamellmilch nach ca. 45 min anfängt, dickflüssig zu werden. Verwendung als Brotaufstrich, Tortenfüllung, Süßigkeiten

Material

Ideal: große hohe keramikbeschichtete Bratpfanne. Im großen Kochtopf gelingt es auch gut, brennt aber leichter an. In Pfannen mit dunkler Teflon-Beschichtung kann man die Bräunung des Zuckers schlecht sehen und das Teflon kann sich bei Überhitzung zersetzen.

Variationen

Einen Teil der Milch durch Sahne (ohne Zusatzstoffe) oder wenig Butter ersetzen

Maroni, gekocht

Rezept für 1-4 Port. (je nach Verwendung) Histaminose, glutenfrei, laktosefrei

ca. 250-300 g	**Tiefkühlmaroni, geschält**	gefroren in einen kleinen Kochtopf geben Mit Wasser bedecken, aufkochen
etwas	**Wasser**	Zugedeckt bei kleiner Hitze bissfest garen (ca. 5-10 min)

Geeignet als Frühstück, für Zwischenmahlzeiten oder als Beilage / Garnitur zu Gerichten oder Desserts. Die Früchte der Edelkastanie / Esskastanie nennt man je nach Region Kastanien, Keschte, Maronen, Maroni oder Marroni.

Maroni, glasiert

Rezept für 4 Portionen Histaminose, glutenfrei, laktosearm

2 EL = 20 g	**Butter**	
2 EL = 30 g	**weißer Kristallzucker**	
wenig	**Wasser**	
1 Prise	**Salz ohne Jod / Fluor**	im Kochtopf erhitzen
ca. 300 g	**Maroni, gekocht**	beifügen (wie oben oder vorgegart kaufen) Unter gelegentlichem Rühren eindünsten

Maroni, karamellisiert

Rezept für 4 Portionen Histaminose, glutenfrei, laktosefrei möglich

100 g	**weißer Zucker**	im Kochtopf bei mittlerer Hitze hellbraun werden lassen (karamellisieren)
1 dl	**Wasser**	Sofort ablöschen (Vorsicht, es kann spritzen und heißer Dampf steigt auf!)
ca. 300 g	**Maroni tiefgekühlt**	beifügen, ca. 10 min köcheln lassen
evtl. bis 40 g	**Butter**	beifügen

1 Prise Salz beifügen. Weitere 5 min ohne Deckel dickflüssig eindampfen lassen
Variante: Vorgegarte Maroni erst gegen Ende zum gelösten Karamell geben
Dazu passt z.B. Rotkohl (S. 115).

Beeren-Sahneeis ohne Eismaschine, eifrei

Rezept für ca. 6 Portionen Histaminose, glutenfrei, laktosefrei möglich

100 g	**Puderzucker**	vermischen (kleine Klumpen sind kein Problem) Mindestens 30 min in den Tiefkühler stellen
1 dl	**Cranberry-Nektar (ohne künstliche Süßstoffe) oder Apfelsaft**	
4 dl	**Vollrahm / Sahne (ohne Zusatzstoffe), kühlschrankkalt**	in einem hohen Gefäß mit dem Mixer steif schlagen
300 g	**Tiefkühl-Beeren, eine geeignete und verträgliche Sorte: z.B. Heidelbeeren, Brombeeren, Kirschen, Sauerkirschen, Cassis, Johannisbeeren**	mit der Puderzucker-Nektar-Mischung aus dem Tiefkühler holen und sofort tiefgefroren miteinander vermengen

Einen Teil der steif geschlagenen Sahne zu den gezuckerten Beeren geben

Mixen mit Pürieraufsatz, sobald die Früchte nicht mehr pickelhart sind

Restliche Sahne dazu geben und nochmals kurz mixen

Wenn die Zutaten kalt genug sind und man beim Zubereiten schnell genug ist, erhält man ein halb gefrorenes Softeis, das sofort serviert werden kann.

Ansonsten mindestens 4 Stunden in den Tiefkühler stellen

Vor dem Servieren etwas antauen lassen, bis es weich genug zum Portionieren ist

Material

Mixer mit Rühraufsatz und Pürieraufsatz, zwei hohe Gefäße, Tupperware-Gefäße, Tiefkühler oder Gefrierfach

Variationen

Garnieren mit ein paar Minzen- oder Melissenblättern und ein paar ganzen Beeren, evtl. in Zucker gewendet

Laktosefreie Variante: laktosefreie Sahne verwenden oder ein Sorbet ohne Milchprodukte herstellen

Schnell und einfach: Gefrorene Beeren oder andere gefrorene Fruchtstückchen mit ein wenig kalter Sahne (ohne Zusatzstoffe) und evtl. etwas Zucker pürieren und sofort servieren oder einfrieren

Panir, tofuartiger Frischkäse ohne Reifung

Rezept für ca. 150 g Histaminose, glutenfrei, laktosefreie Variante möglich

1 Liter	**Milch**	aufkochen
2½ dl	**Cranberry-Nektar mit ca. 25-30 % Fruchtanteil (ohne künstliche Süßstoffe)**	dazu gießen nochmals kurz aufkochen

Die Milch gerinnt wegen der Säure und scheidet sich idealerweise in eine klare Molke und Flocken oder Klumpen aus Milchprotein.

Ein sauberes Küchentuch gründlich mit kaltem Wasser spülen und auswinden, um Waschmittelrückstände und -duftstoffe zu entfernen

Tuch in ein Sieb legen und die geronnene Milch filtrieren

Die **Molke** in einer Schüssel auffangen und als Getränk verwenden

Käseklumpen mit kaltem Wasser abspülen, um ihn abzukühlen und den Fruchtgeschmack loszuwerden. Nach Belieben salzen

Käseklumpen im Tuch pressen, indem man dieses sehr kräftig verdreht. Während der Lagerung gewinnt der Klumpen dann noch zusätzlich an Festigkeit.

In Klarsichtfolie verpackt im Kühlschrank aufbewahren und innerhalb von 2-3 Tagen konsumieren

Material

Passiersieb oder Salatsieb, sauberes Geschirrtuch

Variationen

Soll der Panir (englisch: Paneer) noch fester werden, beschwert man ihn im Tuch nach dem Pressen während 2 Stunden mit einem Gewicht.

Kann kalt als Käse serviert oder in Salate gemischt werden, oder wie Tofu in Würfel oder Scheiben geschnitten und gebraten oder gekocht werden. Beim Kochen vorsichtig umrühren, damit er nicht zerfällt

Anhang

Saisontabelle verträgliche Gemüse Schweiz

	Jan	Feb	Mrz	Apr	Mai	Jun	Jul	Aug	Sep	Okt	Nov	Dez
Artischocke								■	■	◧		
(Bärlauch)			■	■								
Blumenkohl					◨	■	■	■	■	■	■	
(Buschbohne)						■	■	■	■	■		
Broccoli, Brokkoli					◨	■	■	■	■	■	■	
Chicorée	■	■	■	■							■	■
Chinakohl	■	■			■	■	■	■	■	■	■	■
Eisbergsalat				◨	■	■	■	■	■	■	■	
Eichblattsalat				■	■	■	■	■	■	■	◧	
Endiviensalat					■	■	■	■	■	■	■	
Feldsalat, Nüsslisalat	■	■	■	■	■	■	◧		■	■	■	■
Fenchel					◨	■	■	■	■	■		
Gurke, Salatgurke					■	■	■	■	■	◧		
Karotte, Möhre	■	■	■	■	■	■	■	■	■	■	■	■
Kartoffel, Früh-					◨	■	■	■				
Kartoffel	■	■	■	■	■	■	■	■	■	■	■	■
(Knoblauch)	■	■						◨	■	■	■	■
Kopfsalat				■	■	■	■	■	■	■	◧	
Kürbisse, div. Sorten	■	■						■	■	■	■	■
Mais: Zuckermais							◨	■	■	■		
Pak Choi					■	■	■	■	■	■		
Paprika, Peperoni						■	■	■	■	■		
Pastinaken	■	■	■							■	■	■
Petersilie			■	■	■	■	■	■	■	■	■	
Petersilienwurzel	■	■	■	■					■	■	■	■
Radieschen			◨	■	■	■	■	■	■	■		
Rettich: Bierrettich				■	■	■	■	■	■	■	■	
Rote Bete, Randen	■	■	■	■	■	■	■	■	■	■	■	■
Rotkohl, Blaukabis	■	■	■	■	■	■	■	■	■	■	■	■
Salat, Blattsalate				■	■	■	■	■	■	■	◧	
(Schnittlauch)			■	■	■	■	■	■	■	■	■	
Schwarzwurzel	■	■	■							■	■	■
Sellerie, Knollen-	■	■	■	■	■	■	■	■	■	■	■	■
Sellerie, Stangen-						■	■	■	■	■		
Spargel				◨	■	■						
Topinambur	■	■	■							■	■	■
Weißkohl, -kabis	■	■	■	■	■	■	■	■	■	■	■	■
Zucchini, Zucchetti					◨	■	■	■	■	◧		
Zuckerhut	■	■						■	■	■	■	■
Zwiebel, weiße	■	■	■	■	■	■	■	■	■	■	■	■
	Jan	Feb	Mrz	Apr	Mai	Jun	Jul	Aug	Sep	Okt	Nov	Dez

Saisontabelle verträgliche Früchte Schweiz

	Jan	Feb	Mrz	Apr	Mai	Jun	Jul	Aug	Sep	Okt	Nov	Dez
Äpfel, Frühsorten												
Äpfel, Herbstsorten												
Äpfel, Lagersorten												
Aprikosen												
Brombeeren												
Cassis												
Feigen												
Heidelbeeren												
Johannisbeeren												
Jostabeeren												
Kirschen												
Maronen, Maroni												
Nektarinen												
Pfirsiche												
Sauerkirschen												
Stachelbeeren												
(Trauben)												
	Jan	Feb	Mrz	Apr	Mai	Jun	Jul	Aug	Sep	Okt	Nov	Dez

Die Saisontabellen zeigen die durchschnittliche Verfügbarkeit (Ernte und Lager) aus Anbau im Freiland oder unter ungeheizten Plastikhochtunnels in der Schweiz und angrenzenden Gebieten (grau: verfügbar, weiß: nicht verfügbar). Je nach Witterungsverlauf kann sich die Saisonalität in manchen Jahren nach vorne oder hinten verschieben. Auf Herkunftsangabe achten.

Saisonal einkaufen

Kaufen Sie wenn möglich einheimisches Saisongemüse. Das ist erstens umweltschonender und zweitens ist es schmackhafter, vitaminreicher und gesünder als Gemüse, welches lange Transportwege zurückgelegt hat oder in der falschen Jahreszeit nur im Treibhaus dank Beheizung, Kunstlicht, Kunstdünger und hohem Pestizideinsatz gedeihen kann.

Zur Überbrückung der kargen Wintermonate können Sie auf Tiefkühlfrüchte und Tiefkühlgemüse zurückgreifen. Bezüglich Vitamingehalt sind diese gegenüber Konserven und Eingemachtem zu bevorzugen.

Für die abwechslungsreiche und ausgewogene Ernährung darf man sich hin und wieder auch mal Importware gönnen. Wenn möglich aus den Nachbarländern, im Freiland produziert und nicht mit dem Flugzeug eingeflogen.

Corrigendum

Um Ihr Exemplar nachträglich an den aktuellen Stand des Wissens anpassen zu können und um etwaige Fehler korrigieren zu können, führen wir auf der folgenden Internetseite ein Corrigendum:

www.histaminintoleranz.ch/downloads/corrigendum_rezepte1-2014.pdf

Anregungen und Fehler melden Sie bitte per E-Mail an die Kontaktadresse auf der Website www.histaminintoleranz.ch. Auch weitere Rezeptideen werden gerne entgegen genommen.